VODU

Fenômenos Psíquicos da Jamaica

Joseph John Williams

Vodu
Fenômenos Psíquicos da Jamaica

Tradução:
Martha Malvezzi Leal

MADRAS

Traduzido originalmente do inglês sob o título *Phenomena Psychic of Jamaica*

© 2004, Madras Editora Ltda.

Editor:
Wagner Veneziani Costa

Diagramação:
F&F Estudio
Tel.: (11) 6281-7686
E-mail: franklinpaolotti@uol.com.br

Produção da Capa:
Equipe Técnica Madras

Tradução:
Martha Malvezzi Leal

Revisão:
Gerson Cotrím Filiberto
Edna Luna
Maria Cristina Scomparini

**CIP-BRASIL. CATALOGAÇÃO NA FONTE
SINDICATO NACIONAL DOS EDITORES DE LIVROS, RJ,**
---

w689v

Williams Joseph, 1883-1935
Vodu: Fenômenos Psíquicos da Jamaica
/Joseph J. Williams; tradução Martha Malvezzi Leal. – São Paulo: Madras, 2004
Tradução de: Psychic Phenomena of Jamaica
ISBN 85-7374-712-9

1. Ciência ocultas – Jamaica . 2. Vodu – Jamaica. 3. Ashanti (Povo africano). 4. Usos e costumes.

04-0563.	CDD 133.097292
	CDD 133(729.2)
04.03.04 09.03.04	005747

Os direitos de tradução desta obra pertencem à Madras Editora, assim como sua adaptação e a coordenação. Fica, portanto, proibida a reprodução total ou parcial desta obra, de qualquer forma ou por qualquer meio eletrônico, mecânico, inclusive por meio de processos xerográficos, incluindo ainda o uso da internet, sem a permissão expressa da Madras Editora, na pessoa de seu editor (Lei nº 9.610, de 19.2.98).

Todos os direitos desta edição, em língua portuguesa, reservados pela

MADRAS EDITORA LTDA.
Rua Paulo Gonçalves, 88 — Santana
02403-020 — São Paulo — SP
Caixa Postal 12299 — CEP 02013-970 — SP
Tel.: (0_ _11) 6959.1127 — Fax: (0_ _11) 6959.3090
wwww.madras.com.br

Índice

Introdução à Edição Brasileira 7
Prefácio 9
    Estranhos Acontecimentos 9
    Caso 1 (relatado pelo reverendo A. J. E.) 12
    Caso 2 (relatado pelo reverendo A. J. E.) 13
    Caso 3 (relatado pelo reverendo A. J. E.) 14
    Caso 4 16
    Caso 5 (relatado pelo reverendo A. J. E.) 16
    Caso 6 (relatado pelo reverendo M. E. P.) 18
    Caso 7 18

CAPÍTULO 1
Influência Cultural Ashanti na Jamaica 23

CAPÍTULO 2
Feitiçaria Jamaicana 37

CAPÍTULO 3
Magia Aplicada 71

CAPÍTULO 4
Crença Popular em Fantasmas 89

CAPÍTULO 5
Costumes Funerários 107

Capítulo 6
Poltergeist 131
    Os Três Piores Dias 132
    Vítima Entrevistada 133
    Atingida Muitas Vezes 133
    Histórias das Testemunhas Oculares 134
    Qual é a Verdade? 134
    O Fantasma de Mount Horeb 134
    Estranhos Acontecimentos 135

Capítulo 7
Conclusões 143

Fontes 153
    Anônimos 153
Bibliografia 155

Introdução à Edição Brasileira

Os primeiros europeus a aportarem na Jamaica foram os espanhóis. A ilha era habitada inicialmente pelos índios tainos (ou arawak). O nome Jamaica é uma corruptela de *Xaimaca*, que na língua dos tainos significava "terra da água e da madeira".

Os negros chegaram à Jamaica em 1517, trazidos pelos espanhóis. Em 1655, a ilha foi conquistada pela Grã-Bretanha. Sendo o século XVIII o *boom* do ciclo do açúcar, a escravatura é motivada pela *plantation*, a monocultura canavieira. Nessa data, foram trazidos à ilha como escravos os ashantis, os fantes, os ibos e os yorubas.

O que começou de uma forma incipiente com os espanhóis, ganha um tremendo impulso com a cultura da cana. O fim da escravidão na Jamaica foi em 1833.

Esses eventos não se restringem à Jamaica; encontraremos paralelos em todas as Américas, incluindo o Brasil. Desta forma, temos a Santeria, o Candomblé, o Catimbó, o Vodu e a Obeah, dentre outros cultos e tradições.

Esta obra trata especificamente da Obeah na Jamaica. Joseph John Williams, o autor, selecionou uma série de testemunhos ligados à prática da Obeah, assim como à religiosidade de origem africana na ilha, dando ao leitor indicações históricas, antropológicas e etimológicas que criam o contexto e desvendam o pano de fundo em que esses eventos se desenrolaram e o porquê deles. O livro é, ainda, um registro de atividades paranormais e eventos insólitos e folclóricos.

O leitor, por sua vez, deve ter em mente a época em que a obra foi escrita (a década de 1930). A ótica acerca dos eventos nele tratados mudou muito, assim como novos detalhes vieram à luz. Um exemplo é visto na página 34. Lá, encontramos a seguinte citação: "Isabel Cranstoun Maclean em *Children of Jamaica:* [44] 'A maioria de suas crenças é muito deprimente e degradante. Dizer que o Criador do homem é uma aranha não ajuda as crianças a se tornarem bons adultos'".

Ressalto que é natural as religiões simbolizarem a divindade de forma antropomórfica ou zoomórfica. Um exemplo disso é Jesus como o Cordeiro de Deus, ou o Leão de Judá, ou, ainda, o Espírito Santo em forma de pomba. Seria muito preconceituoso confundir o símbolo com o que é simbolizado.

Mas, em sua maior parte, *Fenômenos Psíquicos da Jamaica* é um intróito útil e importante na compreensão da Obeah e correlatos. Sem falar em conceituarmos as nossas similitudes e as diferenças de nossos vizinhos.

A cultura brasileira deve muito à África, seja na música e no ritmo, na culinária ou, ainda, na influência lingüística. De todos esses elementos de origem africana, a religião tem um lugar de destaque. Ela não somente serviu como um fator de união e manutenção da identidade dos negros como também foi uma força paralela à religiosidade "oficial". Desta forma, a religião africana saiu dos guetos e faz parte hoje de amplos setores da sociedade.

É bem sabido que a religião é uma ferramenta no controle social, resguardando os direitos da classe dominante. Diante disso, é de suma importância um "culto de escravos" ter conquistado espaço, não apenas mantendo a sua identidade como também influenciando outros. A religiosidade africana, além do mais, é eclética, arquetípica, enaltecendo todos os aspectos que compõem o ser humano; é um culto vivo, e não uma forma calcificada de religiosidade.

Cremos que hoje, mais do que nunca, este resgate é de suma importância, não somente para a história e a manutenção das tradições, mas, acima de tudo, como um retorno a um universo religioso mitológico mais amplo e fértil, propiciando, de um lado, harmonia e, por outro, conhecimento.

Marcos Torrigo

Prefácio

Estranhos Acontecimentos

No início de dezembro de 1906, visitei a Jamaica pela primeira vez. Planejava permanecer por alguns meses. Em 14 de janeiro, o dia do terrível terremoto, eu retornava da região norte da ilha, dirigindo por Mount Diabolo, e cheguei à Etward Railway Station (Estação de Trem Etward) aproximadamente uma hora antes da partida do trem que me levaria de volta a Kingston. O dia estava extraordinariamente tropical para aquele período do ano na Jamaica; não havia sequer uma nuvem no céu e, o que era realmente estranho, em uma época em que os ventos alísios deveriam estar soprando com toda a sua força, nem uma leve brisa se fazia presente. Podíamos até mesmo sentir a quietude, e o brilho do sol era simplesmente deslumbrante.

Quando cheguei à plataforma, um cavalheiro e uma jovem estavam atraindo muita atenção. Eram mulatos; muito bem vestidos e com claras indicações de refinamento. Mas a jovem, com aproximadamente 25 anos de idade, acredito, comportava-se de modo histérico. Ela contorcia as mãos e, entre soluços convulsivos, dizia repetidamente: "Pai, não devíamos ter saído de casa hoje. Eu lhe disse que algo horrível vai acontecer".

O cavalheiro naturalmente demonstrava grande embaraço enquanto tentava, em vão, acalmar a filha que continuava a repetir, um tanto mecanicamente, que algo terrível aconteceria. Finalmente, seu pai levou-a embora, e eu não mais os vi. Porém, cerca de meia hora após eles terem partido, a terra começou repentinamente a tremer e rachar, produzindo um som estridente semelhante ao de um enorme jarro se quebrando — um terremoto estava acontecendo. Então, quando os tremores cessaram, olhei para meu relógio — eram exatamente três horas e dezoito minutos.

Cheguei a Kingston na manhã seguinte; a cidade fora transformada em um amontoado de ruínas com um fogo devastador ainda ardendo sobre os escombros. Mais de mil pessoas morreram imediatamente e centenas não estavam resistindo aos ferimentos. Entre a confusão geral eu ouvia, repetidamente, histórias sobre um estranho profeta que, segundo diziam, passara pelas ruas da cidade algumas horas antes do desastre, emitindo um grito de alerta que foi recebido com zombaria pela população.

Normalmente eu não teria dado nenhum crédito a esses rumores, que consideraria apenas mais um entre os numerosos delírios posteriores ao fato, que ocorrem nessas ocasiões. Mas a lembrança da estranha cena que presenciara na estação Ewarton me assombrava, desafiando qualquer explicação que pudesse encontrar. Conseqüentemente, decidi perguntar sobre o assunto aos meus colegas menos imaginativos e eles todos confirmaram ter ouvido os rumores muito antes de o terremoto acontecer.

Anos depois, esse incidente foi publicado no jornal *Times*, de Londres, do dia 13 de janeiro de 1921, da seguinte maneira:

"Na manhã de 14 de janeiro de 1907, um homem vestindo um manto vermelho, considerado um irresponsável, apareceu em Kingston alertando as pessoas sobre o fato de que antes do anoitecer a cidade seria destruída. Às três horas da tarde, Kingston, e na verdade toda a ilha, foi atingida por um terremoto de grande magnitude, que não apenas deixou uma vasta área da capital em ruínas, mas matou pelo menos 2.000 pessoas."

Desnecessário dizer que nos dias que se seguiram ouviam-se em Kingston inúmeros rumores sobre profecias de novos desastres que nunca aconteceram, mas cujos anúncios levaram a população apavorada a um frenesi emocional de desespero. Até mesmo os pregadores *bedwardites*, vestidos de branco, desfilando pela cidade, com aquele movimento peculiar dos quadris que é característico do mialismo,* adaptaram seus hinos ao espírito da ocasião. Em uma aparentemente interminável reiteração, eles entoavam: "É um aviso! É um aviso! No terrível dia do julgamento, o Céu e a terra morrerão. É um aviso! É um aviso! No terrível dia do julgamento não haverá avisos". A princípio, não consegui entender as palavras, mas o próprio ar parecia queimar dentro de minha alma.

Desde aquele dia fatídico, cerca de 27 anos atrás, voltei à Jamaica três vezes, tendo passado, ao todo, seis anos naquele país. Tive a sorte de alcançar algumas partes menos acessíveis da região e morei por um considerável período de tempo nos distritos mais remotos, onde as práticas supersticiosas prevalecem. Sempre foi meu propósito conduzir um estudo científico desse fenômeno incomum, que pode ser considerado psíquico, discutindo os incidentes com nativos de todas as classes e cores, e procurando aquelas pessoas consideradas praticantes da feitiçaria do homem negro.

Várias vezes tentei conversar com profissionais *obeah*, mas eles provaram ser evasivos e reservados. Sempre que possível, fiz perguntas a

---

*. Como mostrado no vodu e Obeah, o mialismo é um resíduo dos antigos ritos religiosos ashantis encontrados na Jamaica assim como *Obeah* é continuação da bruxaria ashanti.

jovens que, segundo fui informado, eram aprendizes e discípulos dos profissionais *obeah;* mas eles já haviam aprendido a lição do segredo e não consegui muitas informações com eles. Observei com constância um rapaz negro, a quem conhecia bem — o filho de uma conhecida profissional *obeah* — enquanto ele permanecia imóvel por longos períodos de tempo, olhando para o sol — uma indicação de que o rapaz estava preparando-se para a prática da *obeah*. No entanto, jamais consegui que ele me revelasse informações importantes, ainda que o tenha remunerado gentilmente pela execução de tarefas simples e me esforçado para ganhar sua confiança.

Foi apenas com clientes desiludidos dos profissionais *obeah* que consegui reunir fatos confiáveis, quando eles, envergonhados, relatavam suas experiências pessoais. O acaso, entretanto, às vezes me favorecia. Em raros intervalos eu me deparava com trabalhos noturnos dos profissionais *obeah*, mas mesmo nesses casos não havia um arranjo anterior — sou extremamente cético em relação a histórias de encontros sub-reptícios —, e as coisas que vi pareciam mais elementos do mialismo do que da *obeah* propriamente dita, como esclareceremos no decorrer da narrativa.

Ao mesmo tempo, contudo, estudei cuidadosamente os trabalhos de outros autores e pesquisei diligentemente cada fragmento de informação a respeito do assunto, com o objetivo maior de separar judiciosamente o que parecia ser fato autêntico dentre a grande quantidade de ficção escrita sobre o tema.

No *Congrès Internationale des Sciences Anthropologiques et Ethnologiques*, realizado em Londres de 30 de julho a 4 de agosto de 1934, apresentei um trabalho à Seção de Religião, intitulado *Psychic Phenomena in Jamaica* (Fenômenos Psíquicos na Jamaica). Mais de mil delegados de 42 diferentes países estavam reunidos, e meu objetivo foi apresentar-lhes de modo imparcial os resultados de mais de um quarto de século de intensas pesquisas.

Após uma breve descrição das várias formas de crenças locais na Jamaica em relação a espíritos brincalhões, sombras e similares, prossegui. Sem fazer uma tentativa de classificar as diferentes fases, podemos agora tomar alguns casos específicos de fenômenos psíquicos na Jamaica. Não há relatos de rumores infundados. Praticamente sem comentários, proponho citar uma série de casos, na medida do possível usando as mesmas palavras das testemunhas cuja veracidade do relato garanto, e também narrando alguns incidentes que tive a chance de presenciar. O reverendo A. J. E., que será referido repetidamente, era o reverendo Abraham J. Emerick, um missionário jesuíta que foi enviado para a Jamaica em 1895, primeiramente para Kingston, e depois para o coração das montanhas onde por dez anos ele, em suas próprias palavras, "viveu em uma atmosfera impregnada de *obeah* e outras superstições". (O reverendo Abraham J. Emerick, S. J., nasceu em Falmouth, Pensilvânia, em 21 de novembro de

1856, e morreu em Woodstock, Maryland, em 4 de fevereiro de 1931. Após seu trabalho missionário na Jamaica, de 1895 a 1905, ele trabalhou por um tempo entre a comunidade negra da Filadélfia, e posteriormente passou mais de doze anos no Condado de Saint Mary, Maryland, onde devotou seus esforços aos negros que tanto amava e a quem conheceu muito bem.)

Caso I
(relatado pelo reverendo A. J. E.)

"Um dos principais passatempos dos espíritos brincalhões é atirar pedras. Relatos de pessoas e lugares apedrejados por esses espíritos são muito comuns. Minha primeira experiência com espíritos atiradores de pedras foi surpreendente e um tanto desagradável. Aconteceu logo após eu me tornar responsável pelas missões nas montanhas do lado norte da ilha e antes de me tornar familiarizado com os hábitos da população e conhecer suas práticas supersticiosas e ocultas. Certa tarde, antes de anoitecer, eu estava a caminho da missão Alva, situada em uma localidade isolada em uma colina em Dry Harbour Mountains. A pouco mais de 1,5 km da missão, fui cercado por um grupo de pessoas que me aconselharam, nervosamente, a não seguir para lá. Contaram-me que os espíritos brincalhões agiam à noite, atirando pedras; que eles haviam afugentado o professor da missão Alva, apedrejando-o. Ao que parece, tais fatos vinham ocorrendo desde aproximadamente uma semana antes da minha chegada. Por várias noites muitas pessoas foram até a antiga escola em Alva, que ficava perto da igreja, em uma encosta da montanha parcialmente cercada por uma profunda ravina coberta por espessos arbustos. O professor, um certo Sr. D., morava em uma casa de dois cômodos com vista para o declive. Todas as noites em que as pessoas estavam na área, pedras eram atiradas de várias direções, mas a maioria delas parecia vir da ravina coberta de arbustos. O que mais surpreendia as pessoas — incluindo o professor e o mais inteligente dono de loja do distrito — e as fazia acreditar e afirmar que as pedras não eram atiradas por mãos humanas, mas por espíritos, era o fato de que aqueles atingidos pelas pedras não eram feridos, e que algumas das pedras que vinham do declive, após quebrar a janela, fizeram um ângulo à direita e quebraram o relógio do professor, alguns copos e outras coisas que estavam sobre um aparador. Apesar dos assustadores espíritos atiradores de pedra, eu segui viagem até a colina, seguido por uma multidão. Encontrei o prédio da escola coberto por pedras, com janelas quebradas, com a aparência de um lugar certamente assombrado por fantasmas. Relato, a seguir, os detalhes da história do apedrejamento, que algum tempo depois consegui juntar. Em uma noite de sábado, o Sr. D. e uma jovem que trabalhava para ele notaram a presença de uma pessoa suspeita espreitando nas imediações. Ficaram com medo, deixaram o local e voltaram mais tarde em companhia de um homem conhecido como H., que veio armado. Não fazia muito tempo que estavam dentro da escola quando pedras começaram a cair em diferentes salas; primeiramente uma a uma, mas depois gradualmente em grande quantidade. Os três fugiram amedrontados, ao mesmo tempo em que pedras eram atiradas contra eles enquanto corriam. H. virou-se e atirou na direção de onde vinham as pedras. Quando fez isso, uma pedra vindo da direção oposta o atingiu na nuca. O apedrejamento perseguiu-os até uma casa, para onde correram com a intenção de abrigar-se, que ficava a cerca de 400 metros de distância. Com a família que lá residia, formavam um grupo de seis ou sete pessoas. Pedras foram atiradas contra a casa, quebrando várias coisas sobre o aparador, mas ninguém podia afirmar de onde as pedras estavam sendo jogadas. Algumas pareciam entrar pela porta aberta, dar a volta e cair aos pés do professor. Uma das pessoas fez uma marca em uma pedra e a jogou para fora, dizendo: 'Se for realmente um espírito atirador, jogará a pedra de volta'. Disseram-me que essa pedra foi atirada novamente para dentro da casa, provando tratar-se de um verdadeiro espírito. Algum tempo após as pessoas se recolherem para dormir, o apedrejamento havia cessado."

Caso 2
(relatado pelo reverendo A. J. E.)

"É estranho dizer que a velha casa da missão em All Saints (Todos os Santos), com uma história e localização tão estranhas quanto a 'Casa das Sete Torres' (*The House of the Seven Gabels*) era considerada assombrada. Uma misteriosa coincidência, relacionada ao fato de ela ser assombrada, aconteceu a um de nossos padres. Ele viera à região para uma visita e deveria passar a noite de sábado nessa casa e celebrar a missa em All Saints no domingo, enquanto eu iria a Falmouth, a aproximadamente 12 quilômetros, para celebrar a missa. Antes de partir, eu disse ao padre: 'Como você não está acostumado a dormir sozinho em uma casa, é melhor pedir a um menino que permaneça com você'. Ele perguntou: 'Você acha que eu tenho medo de dormir sozinho na casa?'; 'Não', eu respondi, 'mas seria mais prudente pedir ao menino que fique na casa para o caso de alguma coisa acontecer'.

"No dia seguinte, o padre me perguntou seriamente por que eu o aconselhara a não ficar sozinho na casa. Ele me disse que durante a noite o rapaz que estava dormindo no saguão o chamou e disse que uma senhora e um cavalheiro desejavam ver o padre. Este, vestindo-se rapidamente, foi até o saguão e perguntou ao rapaz onde estava o casal. O garoto apontou para o canto onde afirmava ter visto o homem e a mulher, mas como eles não estavam lá, o rapaz ficou tão apavorado que se recusou a permanecer sozinho no saguão."

Aqui termina o relato do padre E. Em janeiro de 1907, na ocasião da minha primeira visita à Jamaica, e apenas alguns dias antes do terremoto ao qual me referi na Introdução da narrativa, passei uma noite em All Saints, na mesma casa, aparentemente assombrada, da missão. Naquela época, no entanto, não conhecia sua reputação e foi apenas mais tarde que ouvi falar sobre outros incidentes semelhantes ao narrado antes. Devo também salientar que o padre E. nada sabia acerca de minhas experiências quando escreveu seu relato algum tempo depois. Após termos escrito acerca de esses fatos, nós nos encontramos e conversamos a respeito do assunto.

A missão de All Saints está localizada em uma região montanhosa, com vista para o Caribe, em direção a Cuba. Quando passei a noite na casa, minhas acomodações para dormir se limitaram a um sofá de tamanho incomum, que ficava na sala da frente. Foi nessa mesma sala, chamada de saguão no relato do padre E., que o rapaz dormia e onde o casal desapareceu sem nenhuma cerimônia.

Em três lados da sala havia janelas, e no quarto lado uma passagem levava à parte de trás da casa. Essa passagem era separada da sala por portas de vaivém. A lua brilhava intensamente e como não havia cortinas nas janelas eu podia facilmente ler sem luz artificial. Quando apaguei o lampião, as portas da passagem começaram a oscilar para a frente e para trás simultaneamente. Quando toquei nelas, o movimento parou. Mas embora não sentisse nenhum tipo de pressão, assim que retirei minha mão elas imediatamente começaram a oscilar novamente. Não senti nenhuma corrente de ar e, examinando as portas, não encontrei nada que pudesse causar o movimento. Após aproximadamente 45 minutos, o movimento simplesmente cessou. Caminhei em direção ao sofá, deitei-me e tentei dormir. Embora não tenha visto nada fora do normal, fui perturbado por todos os tipos de som. Em primeiro lugar, foi como se alguém viesse caminhando em minha direção. Isso podia muito bem ter sido fruto da minha imaginação. Depois, uma mão ou algo semelhante — eu não conseguia ver nada — parecia pressionar minha cabeça e meus braços. Isso também poderia ter sido imaginação — mas não era: enquanto o resto de meu corpo queimava de medo, as partes tocadas estavam não apenas pegajosas, mas também molhadas, a ponto de eu poder enxugá-las com um lenço que precisava ser torcido. Repito, não era imaginação.

Caso 3
(relatado pelo reverendo A. J. E.)

"Certo dia, um homem que morava há aproximadamente 1,5 quilômetros de distância da missão Alva veio me procurar dizendo que tinha um problema e perguntando se eu poderia ajudá-lo. Ele afirmou que os espíritos o perturbavam e à sua família há muito tempo, e que agora a situação tornara-se insuportável. 'Os espíritos' — ele disse — 'vêm todas as noites e batem à porta desde o anoitecer até o amanhecer, amedrontando minha mulher e meus filhos. Eu tentei atirar em um deles na noite passada, mas não consegui. Apontei para o lugar de onde vinham as batidas, mas a arma não disparou. Entrei em casa, tentei novamente, mas a arma não funcionou. Testei a arma, atirando em outra direção e ela disparou.' Eu disse ao homem que iria até a casa dele para benzê-la.

"Na hora combinada fui até a casa do homem. Quando a porta foi fechada, todos nós, que estávamos na sala, ouvimos as batidas. Eram lentas e enfadonhas. O homem saiu e bateu no local de onde as batidas aparentemente provinham, mas o som não era o mesmo. Prestei atenção às batidas por algum tempo, mas não consegui identificar a fonte do som. Eu não estava com medo ou nervoso, mas indiferente, pois já me habituara a dormir sozinho em lugares isolados, ouvindo, à noite, todos os tipos de sons assustadores; portanto, as batidas pouco me impressionaram. Pensei comigo mesmo: 'Abençoarei a casa e assim não me comprometerei a dar nenhum julgamento sobre a fonte das batidas'. Enquanto pegava meu devocionário para proferir a bênção, estava, até onde posso me lembrar, tentando em minha mente explicar os sons que ouvíamos como produzidos por algum inseto escondido na casa. À medida que lia a oração, sentia-me agitado; foi com grande dificuldade que consegui terminá-la. Senti como se minha energia sobrenatural estivesse sendo drenada. Tive a sensação de estar ferindo alguém, e as lágrimas, ou a sensação delas, vieram-me aos olhos. Tentei esconder o que acontecia comigo dizendo em um tom jocoso:'Agora o espírito brincalhão foi embora'. A estranha sensação deixou-me. Borrifei água benta dentro da casa e no quintal, principalmente no local de onde as batidas pareciam se originar. Quando entrei novamente na casa, ergui minha mão para dar a bênção comum: '*Benedictio Domini Nostri Jesu Christi descandat hanc domum et maneat semper*' ('Que as bênçãos de Nosso Senhor Jesus Cristo desçam sobre esta casa e permaneçam para sempre'). Senti a mesma agitação e a mesma dificuldade para terminar a bênção, mas não foram tão fortes quanto da primeira vez. Disseram-me que, depois de eu deixar a casa, o espírito bateu duas vezes com força e depois parou. Algum tempo depois ouvi as pessoas dizendo que ele retornou — dessa vez o fenômeno acontecia fora da casa —, e muitas pessoas foram até lá e algumas alegaram ter visto o espírito. Parti algum tempo depois e não mais retornei. Mais tarde descobri que a esposa do homem, cuja casa era 'assombrada', era praticante de uma religião que é uma forma de mialismo. Ainda que eles não estejam possuídos pelo demônio, algumas vezes, aparentam realmente estar."

Caso 4

O incidente narrado a seguir foi-me relatado pelas duas partes envolvidas, cujas narrativas estão de acordo em todos os detalhes. Como as pessoas ainda estão vivas, não tenho a liberdade de revelar suas identidades, ainda que apenas usando as iniciais dos nomes, ou identificar o local detalhadamente. O fenômeno aconteceu em uma localidade isolada em uma montanha com vista para o mar, onde um padre fixara residência em uma casa que, mais tarde, foi destruída por um furacão. Um outro padre, que fora visitá-lo, passava a noite em um quarto a respeito do qual estranhas histórias eram contadas, embora o ocupante nada soubesse a esse respeito na época.

Quando se recolheu para dormir, percebendo que não havia fósforos no quarto, o visitante procurou uma caixa e a deixou junto à vela sobre uma mesa, perto da porta do quarto. Três vezes durante a noite ele foi acordado por alguém que entrou no quarto, riscou o fósforo e acendeu a vela. Todas as vezes o padre só conseguiu vislumbrar o vulto de um homem se retirando e fechando a porta atrás de si. Sabendo que ele e seu anfitrião estavam sozinhos na casa, o visitante naturalmente concluiu que se tratava de uma brincadeira. As duas primeiras vezes ele se levantou, apagou a vela e voltou para a cama. Mas na terceira vez considerou que a brincadeira já estava indo longe demais. Levantou-se rapidamente da cama e correu para a porta assim que esta se fechara atrás do vulto. Quando chegou ao saguão, o padre percebeu que a figura havia desaparecido. Ele então atravessou a sala até o quarto de seu anfitrião e descobriu que este dormia profundamente, e que a porta do quarto estava seguramente trancada. Ao ser acordado, o anfitrião protestou e se esforçou em vão para convencer o colega de que não estava lhe pregando uma peça, e que o incidente fora provavelmente um sonho. Porém, retornando ao quarto onde dormia, o visitante viu sobre a mesa três fósforos parcialmente queimados — e quando ele havia se recolhido para dormir anteriormente não havia nenhum fósforo fora da caixa. Na manhã seguinte, ele partiu da casa o mais cedo possível.

Caso 5
(relatado pelo reverendo A. J. E.)

"Em alguns casos, os ataques dos espíritos sobre as pessoas parecem possessões demoníacas. Um dia fui chamado para visitar algumas crianças doentes. Quando cheguei ao local, vi duas meninas que estavam sob o efeito de um encantamento peculiar que, segundo me informaram, ocorrera da seguinte maneira: a Sra. D. explicou que estava sentada em uma sala em companhia de uma das meninas, de nome J., quando três batidas lentas foram ouvidas nas janelas; depois mais três batidas lentas foram ouvidas novamente, seguidas de mais três; e então uma onda quente passou pela sala. Ao mesmo tempo J. saltou no ar gritando: 'O homem velho veio', e desde esse momento até minha chegada ela vinha agindo de modo estranho. Quando cheguei a casa, mais ou menos três dias depois do acontecimento, disseram-me que ela estava muito melhor do que antes. Durante o efeito dessa estranha influência a garota teria dito: 'O homem velho pegou M.' M. era uma menina quieta, tímida e modesta, com aproximadamente dezessete anos, cujos pais eram um senhor português e uma mulher de pele morena clara. Quando M. chegou em casa começou a rir e continuou por dois ou três dias. No momento em que cheguei, ela estava rouca de tanto rir. As pessoas da casa disseram-me que uma influência peculiar, mútua e empática controlava J. e M. Se uma menina ria, a outra também ria; se uma se queixava de dor de cabeça, o mesmo acontecia com a outra, e assim por diante. Fui informado de que ocorrências semelhantes a essa vinham acontecendo na família durante anos, e que elas eram atribuídas à magia negra de um inimigo da família.

"Um dos efeitos dessa possessão, se é que podemos usar essa palavra, era que as pessoas afetadas falavam em uma língua desconhecida. Li textos em latim para as pessoas afetadas e elas acreditaram que a língua desconhecida soava como latim. Outro estranho efeito da possessão era o impulso de correr na mata, subir em árvores, etc. Fui informado de que em anos passados os indivíduos que sofriam os ataques precisavam ser constantemente observados, e que às vezes era difícil segurá-los, e que também eles se soltavam, com facilidade, das cordas que os amarravam.

"Perguntei a J. o que lhe acontecera. Falando com dificuldade e emitindo um som gutural, ela respondeu: *'Um caooooorrrro me pertou'*; ou seja, 'um cachorro me apertou', ou ainda 'um cachorro pulou em mim'. Não considerei esse caso uma possessão demoníaca nem tentei exorcizar a criança, mas li algumas das orações rezadas em casos de exorcismo e abençoei as duas garotas, a casa e o quintal. Permaneci próximo ao local por algum tempo e, no caminho de volta para casa, encontrei as meninas retornando de uma nascente carregando baldes de água na cabeça, rindo e conversando como duas alegres cotovias; aparentemente estavam se sentindo bem. Jamais ouvi dizer que elas foram perturbadas pelos espíritos novamente."

Caso 6
(relatado pelo reverendo M. E. P.)

O padre P., que morreu na Jamaica durante a epidemia de gripe, contou-me certa vez uma experiência pela qual passara. Ele fora chamado para atender uma jovem mulher que estava morrendo. Ela fora batizada como católica, mas jamais freqüentara a igreja e vivera de modo notoriamente imoral. Quando o padre P. chegou ao local, encontrou a mulher inconsciente, deitada em um sofá, em um casebre de um cômodo. Após mandar todas as pessoas saírem da casa, ele se esforçou por alguns minutos para conseguir da mulher pelo menos um sinal de arrependimento de sua vida pregressa. Nada conseguindo, concedeu absolvição condicional, percebendo que a pobre mulher, embora incapaz de dar qualquer sinal externo, poderia ainda ter total consciência do que estava acontecendo. O padre, então, preparou-se para ungi-la, de acordo com o ritual católico que concede mesmo a pobres criaturas como a mulher em questão o benefício de dúvida quando a eternidade se aproxima.

Assim que ele se inclinou sobre a jovem para começar a unção, um braço negro passou por ele e atingiu um dos lados da cabeça da mulher com tanta violência que a retirou do travesseiro. O padre P. voltou-se rapidamente, mas o braço havia desaparecido e ele estava sozinho na sala com a jovem agonizante. Tentando se convencer de que o fato não passava de um truque da imaginação, ele começou novamente. Mais uma vez o braço apareceu e dessa vez realmente jogou a mulher para fora do sofá. O padre P. imediatamente procurou pelo corpo ao qual o braço deveria estar ligado, mas ao fazer isso, percebeu que o braço desaparecera novamente, e ele ainda estava sozinho. Então, quando se virou novamente, viu a mulher aparentemente morta a seus pés.

Ouvi comentários de que esse mesmo religioso, em outra ocasião, testemunhou o severo açoitamento de uma mulher por mãos invisíveis que deixaram cruéis vergões no corpo dela. Mas como eu nunca ouvi essa história diretamente dele, não a incluirei aqui, pois estou me limitando estritamente a informações vindas diretamente das testemunhas.

Caso 7

O acontecimento mais estranho que já presenciei ocorreu quando fixei residência em minha primeira missão com sede em M. A casa era espaçosa, pois fora construída para ser uma escola. Um corredor amplo e duplo ficava ao centro, com várias salas de cada lado. Meu quarto era o segundo a partir do fundo do corredor. Ao lado dele havia uma sala vazia com portas nos quatro lados, incluindo uma entrada do jardim. A porta que ligava essa sala ao meu quarto estava sempre aberta para permitir a ventilação. As outras três portas eram mantidas trancadas pelo lado de dentro de uma sala que fora um banheiro anteriormente. Certa noite, mais ou menos vinte minutos após as onze horas, um pouco antes de acontecer o furacão de novembro de 1912, fui acordado por uma batida na entrada lateral. Meu primeiro pensamento foi o de que estava sendo chamado para atender uma pessoa doente. Pedindo ao meu suposto visitante que esperasse um pouco, vesti-me rapidamente. Quando estava quase pronto, a batida transformou-se em uma série de estrondos, como se alguém estivesse forçando a entrada com uma alavanca. Concluí que ladrões estavam tentando arrombar a porta. Como estava sozinho na casa, atirei meu sapato contra a porta e o vi cair a alguns centímetros; então gritei para os malfeitores que fossem embora. Nesse momento a porta se abriu com violência em minha direção e eu saltei para trás, evitando ser atingido por ela. Era uma noite escura e eu não via nada através da porta. Havia uma velha arma no canto da sala onde eu estava. Não sabia se estava carregada ou não, mas quando me virei para pegá-la, ainda imaginando que eram ladrões, ouvi um forte som de passos na sala ao lado da minha. Pelo barulho, parecia que a porta que dava para o corredor havia sido forçada do mesmo modo que a porta de entrada. Abrindo a porta do meu quarto, que levava ao corredor, apontei a arma para a direção onde acreditava que os ladrões estavam e, virando-a para cima, puxei o gatilho. Houve um estalo e nada mais. A arma não estava carregada. Porém, como o barulho cessara, corri para meu quarto para alcançar a entrada lateral, com o propósito de obter ajuda. Para minha surpresa, a porta que fora violentamente aberta estava agora fechada e trancada pelo lado de dentro e nada estava quebrado. Somente nesse momento percebi que não estava lidando com ladrões; e senti meu cabelo ficar em pé quando vi que o sapato que caíra em frente à porta, quando eu o joguei, encontrava-se junto à parede, exatamente contra a qual fora pressionado quando a porta foi arrombada.

Assim, enquanto penso sobre as mais estranhas histórias ocorridas na Jamaica, uma pergunta me vem à mente: Será tudo uma alucinação? Ou existe alguma influência mesmeriana em operação, como mais de um crítico já sugeriu, ligada ao vodu haitiano? Ou estamos diante de um recrudescimento das possessões demoníacas que são narradas nas Escrituras? Qual é a resposta certa? Uma pessoa extremamente materialista receberia essa pergunta com sarcasmo, até mesmo duvidando de minha seriedade e da veracidade dos fatos relatados aqui; e desconsideraria o assunto. Os devotos das práticas espirituais, como sessões, etc, no entanto, interpretarão todos os fenômenos de acordo com seus tolos propósitos e alegarão que encontramos neles provas da força dos espíritos. Essa interpretação pode ser usada com fins nada espirituais de ganho material, enganando os ignorantes e supersticiosos. Quanto a mim, consciente do anticlímax que a minha confissão provocará, considerando cada caso separadamente, só posso dizer: Eu não sei. Apresento os fatos. Admito que as pessoas têm uma tendência a exagerar e que até mesmo por um processo de auto-hipnose existe a possibilidade de o indivíduo se convencer de que as invenções da imaginação apresentam uma objetividade real na ordem material das coisas. Reconheço também o poder e as maquinações do maligno; no entanto, sempre subordinados aos limites estabelecidos por Deus Todo-Poderoso. Assim, em cada caso específico, considerado individualmente, sou obrigado a balançar a cabeça e dizer: Não tenho certeza.

Contudo, examinando em conjunto todos os casos citados, acredito que a evidência coletiva nos compele a reconhecer que estamos lidando com agentes ou forças sobrenaturais, não importando o nome que lhes dermos. É pouco provável que todas as testemunhas tenham sido vítimas de ilusões. Eu conheci cada uma delas e, sem exceção, eram homens de idade madura, reacionais e sensatos. Eram homens práticos, sem imaginação e um tanto fleumáticos, e que tentaram encontrar todas as possíveis causas naturais para explicar o fenômeno. Como resultado dos anos de serviço missionário na Jamaica, eles se acostumaram aos estranhos sons das noites tropicais da "mata", que invariavelmente perturbam os novatos.

Contudo, não sinto que temos dados suficientes para propor uma teoria que defina claramente se as forças sobrenaturais são influências do bem ou do mal. Conseqüentemente, embora os contatos *obeah* pareçam indicar Sua Majestade Satânica como o principal agente, não considero isso de modo algum como um fato consumado.

Assim encerrei a apresentação ao *London Gathering of Anthropologists* (Congresso dos Antropólogos de Londres), e meu trabalho foi tão bem recebido que me senti obrigado a tratar do tema com mais detalhes, pois o tempo limitado de que dispus no Congresso forçou-me a reduzir o assunto a uma rápida apresentação.

O objetivo deste trabalho é aprofundar mais na questão dos estranhos acontecimentos e superstições na Jamaica, examinar cuidadosamente as curiosas crenças que ainda prevalecem na ilha; analisar criticamente as manifestações extraordinárias relatadas com certa freqüência e buscar alguma explicação plausível para os diferentes fenômenos. O estudo será limitado aos fenômenos distintamente jamaicanos, remanescentes da época da escravidão e, presumivelmente, de origem africana. Nosso campo de investigação é, portanto, a cultura negra, que impede que essas práticas ocultas sejam adquiridas por meio de contatos com as superstições dos brancos e dos europeus, embora elas possam ter sido introduzidas na ilha. No entanto, elas não podem ser consideradas tipicamente jamaicanas, quer em origem ou na prática. São enxertos, nada mais.

Para melhor entender muitas das superstições e práticas da Jamaica é necessário segui-las até sua origem na África, de onde elas foram trazidas na época da escravidão e adaptadas às exigências do novo ambiente e dos diversos contatos. Por isso, primeiramente devemos determinar quais centros tribais exerceram influência mais forte no desenvolvimento cultural da Jamaica, principalmente no que se refere à "mata" atualmente. Devemos notar que a palavra "mata" é um termo coloquial usado para definir os distritos de mais difícil acesso na Jamaica, pois, na Ilha das Nascentes (*Isle of Springs*), não há floresta ou mata fechada. Mesmo as partes mais remotas da ilha são cultivadas e têm escolas e lojas, onde todas as necessidades podem ser supridas.

Capítulo 1

Influência Cultural Ashanti na Jamaica

O reverendo William James Gardner, um Ministro da Congregação, chegou à Jamaica em 1849, após aproximadamente um quarto de século de pesquisas e observações publicadas em1873 sob o título *History of Jamaica*; trabalho caracterizado pelo tratamento erudito e imparcial dos assuntos internos da ilha.

No prefácio, lemos a seguinte declaração: "Ao escrever a história da colônia durante o período da escravidão, o autor utilizou-se dos trabalhos daqueles que o precederam, mas as fontes de onde eles tiraram as informações foram cuidadosamente investigadas. Os registros públicos da colônia foram pesquisados, e um grande número de livros e panfletos foram examinados. Na verdade, nenhuma fonte de informação disponível foi negligenciada. Os leitores determinarão se o autor obteve sucesso em extrair a verdade, tão freqüentemente oculta pelas pessoas envolvidas. Ele pode, no entanto, afirmar com sinceridade que esse foi seu objetivo".[1]

Escrevendo durante o período que culminou com a luta antiescravagista de 1782, no capítulo *"Manners and Customs of the Inhabitants"*, Gardner descreve aquilo que chama de "vida social dos escravos": "Pouco podemos falar com certeza sobre as crenças religiosas desse povo. A influência dos koromantins parece ter modificado, senão obliterado por completo, o que quer que tenha sido introduzido por outras tribos. Eles reconheciam, em um ser chamado Accopomg, o criador e preservador da raça humana; a ele eram oferecidos louvores, mas nunca sacrifícios".[2]

Edward Long, o primeiro historiador da Jamaica a estudar tais detalhes, escrevendo em 1774, demonstra incerteza quanto à origem desses koromantins. Sem dúvida, eles vieram da Costa do Ouro, mas o historiador considera impossível determinar se o hábitat tribal deles era uma ilha dis-

---
1. W. J. Gardner, *History of Jamaica*, Londres, 1873, prefácio, p. 4.
2. idem, p. 184;

tante ou não. A classificação em akims, fantis e ashantis levanta uma dúvida na mente de Long. Ela pode significar a cidade natal ou o mercado onde eles foram comprados.[3] Entretanto, ele insiste que o grupo todo é eficazmente mantido em união pelos *obeah-men* que administram o juramento ou fetiche.[4] Esse fato isolado já seria suficiente para identificar seus espíritos guias com os ashantis. Long ainda nos informa que: "A linguagem dos koromantins é prolixa, e mais regular do que qualquer outro dialeto negro; sua música também é mais viva, e suas danças totalmente marciais".[5] "São bem-apessoados e apresentam traços muito distintos dos outros negros africanos; são menores e mais parecidos com os negros europeus".[6] "Em muitos estados eles não se misturam de modo algum com outros escravos, mas constroem suas casas de modo diferente dos outros".[7]

Em relação aos mesmos escravos koromantins, Sir Hearry Johnston escreveu em 1910: "Provavelmente se originaram dos ashantis e das tribos guerreiras do Volta Negro e Branco. Os escravos koromantins sempre foram os proeminentes ou os únicos lutadores nas grandes revoltas de escravos nas Índias Ocidentais e na Guiana durante os séculos dezessete e dezoito".[8] Ele acrescenta em uma nota: "Eram também chamados de '*koffies*', de Kofi, um nome comum ashanti".[9] Como veremos em breve, Kofi é o nome ashanti dado a uma criança do sexo masculino nascida em uma sexta-feira.

Mais adiante, Sir Harry observa: "Koromantim foi o primeiro e o maior centro britânico de comércio de escravos na Costa do Ouro. Era situado a aproximadamente 26 quilômetros a leste de Cape Coast Castle. É possível que a maior parte dos escravos tenha sido retirada da Costa do Ouro, onde o principal centro britânico de comércio de escravos fora estabelecido entre 1680 e 1807, ou que esse tipo étnico (fanti, ashanti e seus aparentados) prevaleceu sobre os outros. Esse dado é demonstrado pelo fato de que uma grande parte do folclore jamaicano tem suas raízes na Costa do Ouro e em seu interior, e também devido aos fragmentos da língua africana que ainda permanecem no dialeto negro-inglês da Jamaica e derivam da língua Chwi (Twi) dos ashanti-fantis. As populares histórias de 'Nancy' são assim chamadas devido à '*Anansi*', a aranha, como figura central. *Anansi* significa aranha na língua ashanti".[10]

O tenente-coronel Alfred Burton Ellis, do recentemente extinto Regimento das Índias Ocidentais, que viveu muitos anos na Jamaica e na Costa do Ouro, dá o seguinte testemunho: "Os negros da Costa do Ouro são

---

3. Edward Long, *The History of Jamaica*, Londres, 1774, vol.II, p.472;
4. idem, p. 473;
5. idem, p. 474;
6. idem, p. 474;
7. idem, p. 475;
8. Harry H. Johnston, *The Negro in the New World*, Londres, 1910, p.111
9. idem, p. 111, nota .
10. idem, p. 275.

chamados koromantes ou koromantins, no jargão dos comerciantes de escravos. Esse nome é uma corruptela de koromentine, de onde os britânicos iniciaram a exportação de escravos. Esses escravos se distinguiam de todos os demais por sua coragem, firmeza e impaciência – características que causaram inúmeros motins a bordo dos navios negreiros, e diversas rebeliões nas Índias Ocidentais. Na verdade, todas as rebeliões de escravos ocorridas na Jamaica se originaram dos koromantins e de modo geral a eles foram limitadas. A independência de caráter desse povo tornou-se tão reconhecida que os legisladores da Jamaica chegaram, certa vez, a propor a criação de uma tarifa adicional a todos os 'negros fantis, ashantis e akans, e a todos os outros, comumente chamados de koromantins' que fossem importados. A psique superior dos negros da Costa do Ouro, entretanto, fazia com que eles fossem trabalhadores valiosos, e essa proposta encontrou tanta oposição que foi retirada; e, não obstante a personalidade perigosa dos koromantins, um grande número deles continuou a ser introduzido na ilha".[11]

Esses dados vão ao encontro da opinião de Gardner, que declara: "Os negros da Costa do Ouro eram conhecidos de modo geral como koromantis. Os ashantis e os fans descritos por Chaillu estavam incluídos no termo. Eram fortes e ativos e, portanto, valorizados por muitos donos de terras. Os colonizadores espanhóis e franceses evitavam-nos devido às tendências agressivas desse grupo; mas as tentativas para proibir a sua importação pela Jamaica fracassaram, ainda que eles fossem instigadores e líderes de todas as rebeliões".[12]

Embora relacionamentos sexuais promíscuos ocorridos no século passado tenham praticamente extinguido todas as características físicas que talvez tenham sido relativamente preservadas com exclusividade pelos koromantins durante o período da escravidão, ainda persistem alguns traços culturais, prevalecentes por toda a ilha, que são, sem dúvida, de origem ashanti e que devem ter sido gravados em toda a população negra pela dominação tirânica dos koromantins.

Long afirma que os negros que trabalhavam nas plantações na Jamaica costumavam "dar aos filhos os nomes africanos dos dias da semana em que nasciam".[13] Ele apresenta uma lista na qual encontramos os seguintes nomes masculinos: "segunda-feira — Cudjoe; terça-feira — Cubbenah; quarta-feira — Quaco; quinta-feira — Quao; sexta-feira — Cuffee; sábado — Quamin; e domingo — Quashee".

O capitão Rattray, por sua vez, nos informa que "toda criança ashanti tem um dos nomes derivado do dia no qual ela nasceu".[14] E J. B. Danquah, um nativo da Costa do Ouro, confirma essa afirmação e apresenta um

---

11. A .B. Ellis, *History of the Gold Coast,* Londres, 1893, p. 94;
12. Gardner, l.c., p. 175;
13. Long, l.c., vol.II, p. 427.
14. R. Shuterland Rattray, *Ashanti Proverbs*, Oxford, 1916, Provérbio 523.

grupo de nomes akans muito semelhantes aos encontrados na Jamaica. Assim, temos: "segunda-feira — Kwadjo; terça-feira — Kwabena; quarta-feira — Kwaku; quinta-feira — Yao; sexta-feira — Kofi; sábado — Kwame; e domingo — Kwasi".[15] Os ashantis, é claro, pertencem ao grupo akam, e cujos nomes akans no dialeto ashanti são: Kojo, Kobina, Kwaku, Yao, Kofi, Keame e Kwesi. Essa lista é substancialmente idêntica àquela apresentada por Long em relação à Jamaica. Devemos notar, entretanto, o fato de que, embora o costume fosse geral entre os escravos da Jamaica e não apenas limitado aos descendentes dos ashantis, é a terminologia ashanti que é uniformemente seguida nos nomes atuais, indicando quão completa a ascendência dos ashantis se fez sentir sobre toda a população escrava. Além disso, o termo genérico para designar o homem negro na Jamaica, em contradição ao Bockra, ou homem branco, é até hoje Quashie, a designação de um menino nascido no domingo. Não pude deixar de observar que, em mais de uma ocasião, Quaco era um apelido comum e não muito apreciado pela pessoa que o recebia. O termo quarta-feira, usado como nome, era motivo de reprovação. Jamais consegui descobrir por que e quanto mais eu inquiria, mais embaraçadas ficavam as "vítimas" e mais os outros as atormentavam. Nem mesmo elas sabiam a origem ou o real significado do termo. O capitão Rattray chama a atenção para o fato de que no folclore ashanti a aranha, *Anansi*, é geralmente referida como Kwaku *Anansi*. Trata-se de um indivíduo que está constantemente se excedendo e é culpado de práticas inapropriadas. Não obstante, é uma pessoa popular, com personalidade agradável.

Antes de mudarmos de assunto, seria importante analisarmos o verdadeiro significado desse nome entre os ashantis e seus descendentes na Jamaica. Segundo o costume ashanti, cada dia da semana recebe um nome de acordo com uma divindade ou guardião ao qual é dedicado. Assim, Wukuda, quarta-feira, é composto no nome do guardião Wuku e da palavra *eda*, um dia. As crianças recebem um "nome da alma" conforme o dia da semana em que nasceram; prática semelhante à de muitos católicos, que dão nomes aos filhos segundo o calendário dos santos. Portanto, um menino ashanti recebe um nome patronímico do guardião do dia de seu nascimento com o prefixo *kwo*, de *akoa*, um homem ou escravo — por exemplo, um menino nascido em uma quarta-feira recebe o nome de Kwaku, literalmente o homem ou escravo de Wuku, indicando que ele é dedicado a esse guardião. A idéia do guardião não é muito diferente da concepção católica do santo ou anjo. Ele é um espírito subordinado a Deus.[16] São intermediários entre o Ser Supremo e os homens e na vida prática são venerados, embora não tão formalmente quanto o Ser Supremo. Os autores geralmente confundem esses guardiões ou espíritos com fetiches; um

---
15. J. B. Danquash, *Akan Law and Customs*, Londres, 1928, p. 241.
16. J. G. Christaller, *Dictionary of the Asante and Fante Language Called Tshi (Twi)*, Basel, 1933, p. 43.

termo que deve ser reservado a amuletos — objetos materiais que nas crenças populares são associados a influências sobrenaturais.

Os *maroons,* ou escravos fugitivos das montanhas da Jamaica, que por tanto tempo perturbaram a paz da ilha e desafiaram as tropas enviadas contra eles, foram formados e liderados pelos negros da Costa do Ouro, quer os chamemos de ashantis ou koromantins.

Em 1º de fevereiro de 1866, o comandante Bedford Pim apresentou à Real Sociedade Antropológica sobre o Negro e a Jamaica um trabalho referente à rebelião que ocorrera no ano anterior. No debate que se seguiu à apresentação, um certo Sr. Harris falava da observação pessoal feita em referência aos maroons de Sierra Leone que haviam sido transportados da Jamaica por meio de Halifax: "Os maroons são principalmente descendentes das tribos da Costa do Ouro e ainda mantêm as mesmas superstições religiosas, costumes, e nomes comuns, como, por exemplo, a prática de dar nomes aos filhos de acordo com os dias da semana, tais como Quamin (segunda-feira); o filho de Quaco (quinta-feira); cada um denota o gênero masculino ou feminino. Eles alegam com orgulho que são descendentes diretos dos seguidores do rei Cudjoe, seu líder."[17]

De acordo com a teoria mais aceita, os *maroons* jamaicanos são associados aos escravos negros dos espanhóis. Esses escravos fugiram para as montanhas quando seus antigos senhores foram expulsos da ilha pelos ingleses, nos dias de Cromwell.[18] O primeiro líder deles encontrado nos registros históricos foi Juan de Bolas.

Com a importação dos escravos pela Inglaterra, logo de início os irreprimíveis espíritos dos koromantins fugiram para as montanhas e encontraram refúgio entre os *maroons* em quantidades tão grandes que logo assumiram o controle. Assim, no início de 1693, encontramos um Cudjoe escolhido como o líder de todos os *maroons.*[19]

Em 1730, outro Cudjoe liderou uma revolta na parte central da ilha,[20] e Dallas, em sua História dos *maroons,* afirma: "Os negros liderados por Cudjoe eram conhecidos como *kincuffies,* de onde continua a linhagem dos chefes".[21] Esse é provavelmente o mesmo termo *cuffes* que, segundo Sir Harry Johnston, era aplicado aos ashantis.

Dallas ainda declara que embora os negros de outras tribos se juntassem aos *maroons,* "a língua koromanti, entretanto, prevalecia sobre as outras e passou a ser a mais utilizada." [22] Além disso, está claro que a influên-

---
17. Bedford Pim, *The Negro and Jamaica*, Londres, 1866, p. 64f;
18. R. C. Dallas, *The History of the Maroons*, Londres, 1803, vol. I, p.24f;
19. Long, l.c., vol. II, p. 340, 264;
20. Dallas, l.c., vol. I, p. 30;
21. idem, p. 31;
22. idem, p. 33.
Nota — Segundo a Professora Martha Warren Beckwith do Vassar College, Black Roadways, Chapel Hill, 1929, p. 176 f., mesmo hoje em dia os *maroons* jamaicanos usam a antiga língua *ashanti,* que ela chama de *kromanti,* como um código secreto de fala. Ela também declara que as antigas canções *"kromantis"* ainda são entoadas entre os *maroons.* (l.c., p. 192).

cia dominante do Cudjoe sobre os escravos nas plantações se deveu em grande parte à prática *obeah*.[23]

Não nos surpreendemos, portanto, com o registro de Dallas: "Os *maroons* continuaram a acreditar, assim como seus pais, que Accompong era o Deus dos Céus, o criador de todas as coisas, e um deus de bondade infinita".[24]

O Ser Supremo entre os ashantis é Nyame, e seu título primordial é Nyankopon, que significa Nyame — aquele que é único, aquele que é grande.[25] A palavra Accompong é a tentativa do homem branco em transliterar o termo falado Nyankopon, conforme fora pronunciado pelos primeiros escravos. Um fato curioso foi que durante a guerra Ashanti de 1872, um dos chefes ashanti era referido em inglês como Akjampong.[26]

Quando o governador Trelawney da Jamaica celebrou um tratado com os *maroons* em 1º de março de 1738, os Artigos da Pacificação foram ratificados com os capitães Cudjoe, Accompong, Cuffee e Quaco.[27] Com exceção de Johnny, todos esses nomes são claramente de origem ashanti, e, ao lermos os Artigos, vemos que Johnny era um irmão de Cudjoe, e Accompong, como fora chamado, era apenas um apelido.[28]

A princípio podemos pensar que o uso do nome do Ser Supremo por Accompong é um sinal de arrogância. Mas, em primeiro lugar, sua posição era subordinada à de seu irmão Cudjoe, e Christaller nos afirma que entre os ashantis o Nome Divino era freqüentemente dado a um escravo em reconhecimento pela ajuda recebida de Deus que permitiu ao dono comprar o escravo.[29]

Na época em que o governador Trelawney concluiu o acordo de paz com Cudjoe, o líder dos *maroons* do leste era Quaco, outro nome ashanti.[30] Contudo, esses nomes tipicamente ashantis começam, agora, a desaparecer entre os *maroons* que, após a pacificação, passaram a "adotar os nomes dos cavalheiros da ilha". Um uso que, segundo fomos informados, "tornou-se universal entre eles".[31] Assim, entre os *maroons* de Scott Hall, em 1774, encontramos capitão Davy, Sam Grant, que mais tarde se tornou major dos *maroons* em Charles Town, e um personagem com o nome de Mac Guire.[32] Não obstante, alguns nomes ashantis ainda aparecem de vez

---

23. Dallas, l.c, vol. I, p. 34, Cfr. também Martha Warren Becwith: "Os *maroons* conhecem, melhor do que qualquer outro grupo, uma 'obeah mais forte'; eles são hábeis em praticar magia com ervas; dominam uma linguagem secreta (*kromanti*); e conhecem antigas canções nessa língua, que são 'fortes o suficiente para enfeitiçar qualquer pessoa'; empregam antigas artes que lidam com espíritos" (1.c., p.191);
24. Dallas, l.c., vol. I, p. 93;
25. Rattray, *Ashanti Proverbs*, 1;
26. Frank Cundall, *Historic Jamaica*, Londres, 1915, p. 325;
27. Dallas, l.c., vol. I, p. 58;
28. idem, p. 64;
29. Christaller, l.c, p. 356, Onyame.
30. Dallas, l.c., vol.I, p. 66;
31. idem, p.116;
32. idem, p. 129;

em quando. Portanto, quando o governador Littleton foi recebido por um grupo de *maroons* em Montego Bay, em 1764, o líder deles chamava-se Cudjoe.[33] Novamente, um dos *maroons* que agitou os escravos em 1755 era Quaco,[34] e os escritos de J. B. Moreton, em 1793, mencionam outro Cudjoe como chefe dos *maroons* centrais por ocasião de sua visita a eles.[35]

Por fim, na rebelião de 1760, segundo Bryan Edwards que estava pessoalmente familiarizado com cada detalhe do levante, o verdadeiro líder era um "negro koromanti de nome Tacky, que fora um chefe na Guiné".[36] Esse nome também é de origem ashanti, quando escrito com *i* — Takyi.[37] Tudo isso mostra que os verdadeiros líderes entre os koromantins, quer fossem escravos ou *maroons,* eram os ashantis, como afirmam Gardner e Ellis.

Esse fato é confirmado por uma observação feita por Sir William Butler, que participou da campanha ashanti de 1873, indicando que no comércio de escravos "as tribos protegidas da costa foram as primeiras 'corretoras'. Elas compravam dos reinos de Dahoney e ashanti, que ficavam no interior, e vendiam os escravos aos mercadores brancos da Europa".[38] Essa afirmação indica que os supostos escravos koromantis ou da Costa do Ouro não eram nativos da Costa, mas foram trazidos do interior. Conseqüentemente, não devemos nos surpreender, como já explicado por Sir Harry Johnston, que vestígios de tais palavras, encontrados atualmente na Jamaica, sejam invariavelmente de origem ashanti. Citarei apenas alguns exemplos que observei quando estava no país.

Na "mata" existe um tipo peculiar de ave com penas arrepiadas e pescoço seminu, como se elas tivessem sido arrancadas. Os *picnies** chamam-nas de "pescoço pelado" ou "pescoço careca". Esses animais são tecnicamente conhecidos como 'aves do sentido'. Um escritor do

---

33. idem, vol. II, p. 348 f;
34. idem, vol. I, p. 176;
35. J. B. Moreton, *West Índia Custom e Manners*, Londres, 1793, p. 133 f.;
36. Bryan Edwards, *History, Civil and Commercial, of the British Colonies in the West Indies,* londres, 1793, vol. II, p. 64;
37. R. S. Rattray, *Ashanti*, Oxford, 1923, p. 73.
Nota — Dr. Becrwith acentua o fato de que os *maroons* hoje em dia afirmam que suas tradições remontam aos *kromantis* (1.c, p.184); e que os *maroons* formam "em alguns aspectos uma sociedade secreta...que preserva alguns costumes supostamente *kromantis* como prova de seu orgulho pelo sangue africano" (1.c., p. 184 f).
38. W. F. Butler, *An Autobiography*, Nova York, 1913, p. 149;
*Sir Hans Slone veio para a Jamaica em 1687 como físico do governador, Christopher, duque de Albemarle. Em seu *Voyage to the Islands*, Londres, 1707, vol. 1, Introdução, p.lii, dá *Pequenos Ninnos* (crianças pequenas) como origem de *piganinnies*; este, por sua vez, foi transformado em *piccaninnies,* da mesma forma que tem-se os *picknies* "secretos". Entretanto, a palavra não é de origem jamaicana. Ligon mostra que era comumente usada em Barbados antes de a Jamaica ter sido dominada pelos ingleses. Provavelmente foi trazida da ilha pelo povo de Barbados que acompanha ou o exército em 1655.
Nota: A Dra. Beckwith cita o provérbio jamaicano: "If you promise seneh fowe anyt'ing, him wi' look fe it", e explica isso como um ditado que previne alguém de manter as promessas em uma transação *obeah.*

Chamber's Journal, em 11 de janeiro de 1902,[39] sugere como uma indicação de *obeah* "algumas penas de 'ave do sentido' encontradas no prato de sopa de uma pessoa", e menciona um caso específico de *obeah* em que os ingredientes necessários eram "duas aves do sentido brancas".[40] Além disso, May Robinson, em uma contribuição ao *Folk-Lore Quarterly* (publicação trimestral sobre folclore), em 1893, associa a "ave do sentido" à prática *obeah* no processo de "pegar um espírito" como cura.[41]

Essa "ave do sentido" jamaicana, que está intimamente ligada à prática *obeah*, é idêntica à ave *asense* dos ashantis, de quem a *obeah* jamaicana se originou, como veremos mais adiante.[42]

Como é peculiar aos ashantis usar como apelido do Ser Supremo, ou Criador, a expressão *Anansi Kokroko*, a Grande Aranha,[43] é significativa a queixa de Isabel Cranstoun Maclean em *Children of Jamaica:*[44] "A maioria de suas crenças é muito deprimente e degradante. Dizer que o Criador do homem é uma aranha não ajuda as crianças a se tornarem bons adultos". Tanto na Jamaica quanto entre os ashantis a elocução está ligada a fábulas que demonstram sabedoria, nada mais.

O camponês jamaicano faz uso habitual das palavras que para ele não têm sentido algum, e que não apenas são puramente ashantis como também tiveram seu significado fielmente preservado durante 125 anos após o término da importação de escravos. Assim, o alimento principal dos ashantis é *fufu*, que consiste em purê de inhame ou tanchagem,[45] enquanto na Jamaica o purê de inhame recebe o mesmo nome — *fufu*.

Outro exemplo é o nome *odum* para designar os algodoeiros na Jamaica, tanto em relação ao seu nome quanto à associação feita pela superstição popular, segundo a qual os espíritos ou fantasmas fazem da planta *odum* a sua residência. A palavra ashanti para coruja — *patu* — ainda é preservada na Jamaica. O mesmo acontece com os termos ashantis *bonkara,* uma pequena cesta para viagens, e *kotokuwo*, um pequeno saco ou sacola, que é associado aos praticantes de *obeah*.

A palavra ashanti *nyam*, mover-se rapidamente, tem a forma reiterativa *nyinnyam,* as dores de agonia da morte, e o termo derivado *gyam,* estar em agonia ou dores da morte. Aparentemente é essa a origem da palavra jamaicana *nyam*, comer vorazmente ou devorar, como vemos no provérbio *"darg nuam darg"* — "cão devora cão".

Em relação aos koromantins, Bryan Edwards diz-nos: "Assarci é o deus da terra" que recebe as ofertas de frutas frescas além de uma

---

39. Chambers's Journal, Londres, vol. V. nº 215, p. 82;
40. idem, p. 83;
41. Folk-lore. *A Quarterly of Myth, Tradition, Institution and Custom*, Londres, vol. IV, p.211;
42. Rattray, *Ashanti Proverbs*, 697;
43. idem, 175;
44. Isabel Cranstoun Maclean, *Children of Jamaica*, Edinburgo, 1910, p. 31;
45. Rattray, *Ashanti Proverbs*, 14.

libação dos sumos retirados das frutas.[46] Segundo o capitão Rattray, Asase é a deusa ashanti da terra a quem a quinta-feira é dedicada: "Ainda hoje, os fazendeiros ashantis não aram ou trabalham o solo nesse dia". Entretanto, ele é de opinião que "quando os ashantis, antes de tomar o vinho dos espíritos, derramam um pouco no chão, eles não o fazem para a Deusa Terra, mas para seus ancestrais".[47]

O Sasabonsam ashanti é muito bem descrito pelo capitão Rattray como "um demônio ou um espírito do mal", ligado ao *obayifo*, ou bruxo, que é seu servo.[48] A grande influência exercida por esse Sasabonsam ashanti sobre os escravos na Jamaica é evidenciada por Herbert G. Delisser, um nativo jamaicano que relata a crença de que a "residência favorita do Sasabosam é a *ceiba*, o algodoeiro".[49] É verdade que Bryan Edwards fala do Sasabonsam koromantim como Obboney;[50] mas provavelmente isso se deve ao fato de que o *obayifo* era confundido com seu mestre — Sasabonsam — e Obboney se tornou objeto do culto *obeah*, na tentativa do homem branco de esclarecer e expressar a magia do homem negro. Estudaremos isso mais detalhadamente em outro capítulo.

Por fim, existe nos países tropicais uma doença de pele conhecida como framboésia (ou bouba), que se caracteriza por tumores ulcerados extremamente contagiosos. Segundo o dicionário *Oxford*, a derivação dessa palavra é de origem desconhecida, embora as referências mais antigas se reportem à Jamaica, onde há uma grande incidência da doença. É pelo menos sugestivo o fato de que a palavra ashanti que designa a mesma doença é *gyato* ou *gyatowa*, e ela tem o mesmo significado de framboésia.

Como observado em *Hebrewisms of West Africa*, uma pessoa vinda dos Estados Unidos em visita à Jamaica ficará imediatamente impressionada com a limpeza do camponês nativo em seus hábitos e no gosto pelo banho — um enorme contraste com nosso negro do sul que, com freqüência, parece ter horror à água. Nas cidades costeiras da Jamaica, a população masculina inteira passa uma boa parte da manhã de domingo nadando, o que freqüentemente interfere com o serviço religioso; e mesmo nos dias de semana, sempre que a água é abundante, o banho matutino é a regra em vez da exceção.

Nesse sentido, são interessantes os escritos de A.W. Cardinall: "Os ashantis são notáveis por sua limpeza extrema; e eles se orgulham de si mesmos, suas roupas e casas; o que não acontece com outras tribos e a maioria da população não africana, que simplesmente ignoram as questões de limpeza".[51] Bowditch, há mais de um século, também observou a mes-

---
46. Edwards, l.c, vol.II, p. 70;
47. Rattray, *ashanti*, p. 215;
48. Rattray, *ashanti* Proverbs, 56;
49. Herbert G. DeLisser, *Twentieth Century Jamaica*, Kingston, 1913, p.110;
50. Edwards, l.c, vol.II, p.71.
51. A. W. Cardinall, In *Ashanti and Beyond*, Filadélfia, 1927, p. 48;

ma característica dos ashantis: "Tanto os homens quanto as mulheres são particularmente limpos. Eles se banham todas as manhãs, da cabeça aos pés, com água quente e sabonete português, usando depois uma gordura ou manteiga vegetal que é um cosmético fino".[52] Talvez seja uma conseqüência desse uso do sabonete português o fato de que, atualmente, nenhum presente é mais apreciado, mesmo entre as classes mais altas dos camponeses, do que uma ou duas barras de sabonete perfumado. No primeiro Natal que passei na Jamaica, fiquei impressionado com a quantidade de barras de sabonete que recebi de presente, o que me parecia uma indireta até que me familiarizei melhor com os costumes nativos.[53]

Também fiquei surpreso com um costume associado ao funeral na "mata" na Jamaica. Antes de ser levado ao local do enterro, o caixão era erguido e abaixado três vezes. Ninguém pôde me dar uma explicação para tal prática; também não havia nenhuma superstição local associada ao ato. Sempre fora feito assim, desde tempos imemoriais; e isso era tudo o que sabiam. Ninguém estava disposto a sequer conjecturar sobre sua origem ou propósito. Embora pareça estranho, uma prática similar existia entre os ashantis desde a pré-história. Ela é assim descrita pelo capitão Rattray: "O caixão está fechado agora, e um buraco é feito na parede; através dele o caixão é carregado pelo *asokwafo*. Ao alcançar o lado de fora, ele é colocado no chão; mas antes disso, é erguido e abaixado duas vezes antes de ser finalmente depositado no solo. A razão para esse curioso costume é sem dúvida dar a Asase Ya (a Deusa Terra) o devido anúncio e aviso".[54] Depois de uma rápida cerimônia, ele continua: "Os coveiros agora levantam o caixão e o levam até o local onde será enterrado; as mesmas reverências eram prestadas à Deusa Terra".[55] Um paralelo notável a essa formalidade era concomitante à entronização de um novo chefe entre os ashantis em tempos recentes. O escolhido deveria erguer e abaixar o corpo três vezes antes de sentar no Trono Dourado.[56]

As histórias de Anancy da Jamaica, conforme apontado por Sir Harry Johnston, trazem em si a influência ashanti. Não apenas a figura central das histórias é a *Anansi* — a aranha —, ashanti, como também no folclore da Costa do Ouro o filho da aranha é chamado de Kweku Tsin;[57] entre os ashantis o nome é Ntikuma;[58] e o mesmo indivíduo nunca é representado de modo diferente do Tacooma da "mata" jamaicana.

Incidentemente, as histórias de *Anancy* jamaicanas foram passadas como tradição viva pelos antigos nanas, uma palavra que é puramente ashanti,

---

52. T. Edward Bowditch, *Mission from Cape Coast Castle to Ashantee*, Londres, 1819, p.318;
53. Cfr. *Hebrewisms of West Africa*, p. 21 f.
54. R. Sutherland Rattray, *Religion and Art in Ashanti* Oxford, 1927, p. 160;
55. idem, p. 161;
56. Rattray, *Ashanti*, p. 82;
57. Barker e Sinclair, *West African Folk-Tales*, Londres, 1917, p. 24;
58. Rattray, *Ashanti Proverbs*, 175.

tanto na forma quanto no uso; significando *vovó* de modo geral e aplicada aos avós e netos com qualificações apropriadas a cada um.

Aqui, devemos chamar a atenção para um relato, como apareceu no vodu e *obeah*, da criação de um fetiche por um praticante mialista jamaicano, que pode ter sido uma descrição de um processo semelhante praticado entre os ashantis: "Minha primeira experiência com um praticante *obeah* na Jamaica foi a seguinte: certa noite, já era bem tarde, eu voltava para minha casa que ficava no alto da montanha. Estava acompanhado por um nativo do distrito. De repente, meu companheiro que seguia na frente pulou para trás e, tremendo, apontou para uma abertura na plantação de café pela qual passávamos. Ele murmurou de modo quase inaudível: 'Obi, Sah!' A lua brilhava intensamente e a pouca distância do caminho podíamos ver um homem com as roupas sujas e em desordem, praticando sua arte *obeah* para o bem ou para o mal. Arrastei meu relutante companheiro para trás de um arbusto de modo que poderíamos assistir ao processo que é tão raramente testemunhado pelo homem branco. "O praticante *obeah* colocara no chão alguns gravetos, penas, cascas de ovo e outros objetos que não puderam ser claramente distinguidos. Um pedaço de corda foi colocado no topo da pequena pilha. Ele então se afastou um pouco e começou a murmurar um encantamento que foi acompanhado pelo movimento rítmico do corpo. Com as mãos atrás das costas, aproximou-se da pilha, cruzando uma perna sobre a outra à medida que avançava vagarosamente e se aproximava dos ingredientes daquilo que era evidentemente um fetiche. Com as pernas ainda firmemente cruzadas e o corpo balançando, ele se inclinou, respirou e cuspiu sobre o fetiche, e então pegou os itens um por um, ainda murmurando um estranho encantamento enquanto colocava os gravetos juntos e quebrava as cascas de ovo e misturava os outros ingredientes. Por fim, amarrou-os todos juntos com o pedaço de corda. Quando a tarefa terminou, uma mulher, cuja presença não fora notada anteriormente, aproximou-se, como se estivesse saindo da sombra de uma árvore. O praticante *obeah* entregou-lhe o fetiche e ordenou-lhe, com ferocidade, seguir seu caminho e não olhar para trás nem conversar com ninguém. Alertou-a, também, a proteger o fetiche contra qualquer tipo de umidade, pois se a água do rio, da chuva, o orvalho, ou mesmo a transpiração da mulher molhasse o fetiche não só ele perderia a eficácia como também se voltaria contra ela. Não consegui entender todas as palavras, embora conhecesse a língua falada na 'mata', mas fui capaz de compreender de modo geral as instruções que foram dadas quase na forma de uma invocação ou maldição.

"O que eu assistira não era realmente uma prática *obeah*, mas a criação de um fetiche ou amuleto, pois nosso amigo não se preocupou se estava ou não sendo observado. Se ele estivesse realmente praticando *obi* teria se certificado de sua privacidade e ficado de cócoras no chão com a sua parafernália".[59]

Comparemos essa descrição com o relato do capitão Rattray sobre a criação de um *nkabere*, ou amuleto da sorte, entre os ashantis. Após especificar as três árvores, que devem ser representadas por ramos ou raízes, ele explica: "Esses três ramos são colocados no chão, ou às vezes sobre uma panela invertida, junto com alguns pedaços de piaçava. Um pedaço de corda é colocado em cima de tudo. O sacerdote ou curandeiro se afasta um pouco e depois avança em direção ao amuleto, mantendo as mãos atrás das costas e, inclinando-se, borrifa pimenta e grão da guiné — que trazia na boca — sobre o amuleto, dizendo: 'meu fetiche *nkadomako*, que prende os homens fortes, mosquito que vagueia pelo grande algodoeiro, estrelas cadentes que vivem com o Ser Supremo, tenho de dizer-lhe que certas pessoas virão tratar de um assunto'. Então, ele estende os braços e, inclinando-se, pega os ramos e os amarra, junto com a piaçava, dizendo: 'Eu amarro suas bocas, eu amarro suas almas e seus deuses. Eu começo com domingo, segunda-feira, terça-feira, quarta-feira, quinta-feira, sexta-feira, sábado'. À medida que repete cada dia, ele trança a corda ao redor dos ramos, até que todos estejam amarrados. Ele, então, dá um nó mais forte para impedir que se separem, e termina a tarefa dizendo: 'venha quem vier, que este fetiche seja páreo para eles'".[60]

Se essa enumeração dos dias da semana, que é na verdade uma invocação dos vários guardiões, era parte essencial na criação do fetiche, a prática pode explicar como a terminologia ashanti permanece nos atuais nomes jamaicanos, já que o praticante mialista que monopolizava a criação dos fetiches, assim como o praticante *obeah* que "realizava *obi*", eram exclusivamente de origem ashanti.

Incidentalmente, esse relato do capitão Rattray é apresentado com uma descrição de um peso feito de ouro que representava um curandeiro sacrificando uma ave a um amuleto *nkabere,* e ele acrescenta: "Ocasio-

---

59. Cfr. *Voodos and Obeahs*, p. 215.
Nota: Se ele estivesse realmente praticado *obi*, teria se certificado de sua privacidade e ficado de cócoras no chão com sua parafernália, e essa teria sido a cena com pequena variação. A maioria dos ingredientes a serem usados ficam guardados em um saco do qual ele os retira à medida que necessita deles. A oferenda especial ao seu senhor inclui uma galinha branca, duas garrafas de rum e uma oferenda de prata que estão no chão ao lado dele. À sua frente está uma garrafa inevitavelmente vazia para receber os ingredientes. O encantamento é aberto com um murmúrio prolongado que é supostamenete, em "uma língua desconhecida". Acompanhado por uma inclinação do corpo. Gradualmente, os ingredientes são colocados na garrafa e um pouco de rum é derramado sobre eles. O pescoço da galinha é cuidadosamente cortado, e gotas de sangue pingam primeiro na oferenda de prata e depois no conteúdo da garrafa, ao qual, finalmente, são acrescentadas penas arrancadas de várias partes da galinha com uma última libação de rum. Durante todo esse processo, o homem — *obeah* atraiu inspiração dos goles de rum, reservando uma porção substancial para ser consumida depois que ele fizer uma refeição com a carne de galinha.
60. Rattray, *Ashanti*, p. 311 f.;

nalmente, uma ave é oferecida a esse *suman*. O curandeiro ou o sacerdote avança em direção ao amuleto com as pernas cruzadas e as mãos atrás das costas, e talvez com um apito na boca, para chamar os espíritos, e permanece sobre o amuleto com as pernas cruzadas. Segura, então, a ave pelo pescoço e assopra o apito. Essa é a cena mostrada no peso".[61]

Um exilado na Jamaica, seja por nascimento ou por adoção, como no meu caso, precisa apenas ler *Provérbios ashantis*, do capitão Rattray, para ser imediatamente levado de volta, em espírito, à sua "Ilha das Nascentes".[62] Um estudo dos provérbios ashantis e dos jamaicanos revela uma similaridade de sentido, embora as palavras usadas não sejam exatamente as mesmas. É verdade que provérbios semelhantes também são encontrados por toda a África, mas como a maior parte da cultura jamaicana é claramente de origem ashanti, e praticamente nada remonta a outras tribos, é razoável concluir que a introdução desses provérbios na Jamaica também se deveu à influência ashanti.

Um estudo dos registros das chegadas de escravos na Jamaica leva à conclusão de que os ashantis nunca chegaram a representar mais do que 15% da população total de escravos na ilha. Como essa pequena minoria prevaleceu sobre as tribos mais numerosas, e normalmente antagonistas, seria um fato inexplicável se não fosse pela clara evidência de que as maquinações *obeah* aterrorizavam a todos e os levava à submissão, eliminando efetivamente aqueles que viessem a opor-se ao domínio dos autocráticos ashantis.

Resumindo este capítulo, podemos afirmar com segurança que os ashantis exerceram uma suprema influência no desenvolvimento do complexo cultural que existe hoje em dia na Jamaica. Conseqüentemente, podemos presumir que, não havendo evidência em contrário, nos casos de características e práticas jamaicanas que não são totalmente inteligíveis em si mesmas, é muito provável que a verdadeira explicação para eles seja encontrada entre os costumes dos ashantis.

Quando a cultura é difundida de um centro, ela geralmente se irradia em ondas sucessivas, em círculos que estão sempre se alargando, que, aqui e ali, desaceleram. Como conseqüência, ciclos subseqüentes de cultura que emanam do mesmo centro ocasionalmente ultrapassam e se confundem com aqueles que os precederam.

Simultaneamente, outros ciclos culturais originados de muitas e diferentes fontes estão espalhando-se independentemente, e como os vários campos de influência se justapõem, existe necessariamente uma coalescência ou modificação dos complexos culturais em constante processo de desenvolvimento, até que o ponto em que a identificação das verdadeiras origens das características culturais se torna uma tarefa muito difícil.

---
61. idem, p. 311.
62. O nome Jamaica é derivado do antigo nome índio que significa uma terra de nascentes ou córregos.

Entretanto, no caso da cultura ashanti na Jamaica, ela alcançou seu novo campo de influência, a milhares de milhas de seu lugar de origem, não devido a uma difusão gradual, mas por uma violenta transferência por meio do mar; e seus proponentes contavam com número e força suficientes não apenas para resistir a todas as invasões de outros sistemas culturais, como também para suprimir violentamente qualquer característica negra que fosse contrária a seu próprio complexo cultural.

Assim, ainda hoje encontramos na Jamaica muitos dos antigos costumes dos ashantis, bem como a terminologia por eles usada, muito semelhantes aos encontrados na terra natal deles, pois bem pouco foi alterado apesar dos anos que passaram desde a colocação desse povo em um novo ambiente e em novas condições.

Capítulo 2

Feitiçaria Jamaicana

Em *Notes and Queries*, Londres, 25 de janeiro de 1851, encontramos a seguinte comunicação: "Algum de seus leitores pode me dar alguma informação sobre obeísmo. Estou curioso em saber se essa prática é uma religião em si mesma, ou meramente um rito praticado em alguma religião africana e que foi trazido de lá para as Índias Ocidentais (onde, segundo fui informado, está rapidamente encontrando novos adeptos); e se o praticante obeísta adquire esse imenso poder, que supostamente tem sobre seus irmãos negros, através de uma arte, ou apenas atuando sobre as mentes mais supersticiosas de seus companheiros. Qualquer informação sobre o assunto será de grande valia". T. H., Mincing Lane, 10 de janeiro de 1851.[63]

Essa pergunta recebeu muitas respostas. Na edição de 22 de fevereiro de 1851, lemos a seguinte declaração: "Como nosso correspondente deseja qualquer informação sobre obeísmo, na falta de algo melhor e mais completo, ofereço minha pequena colaboração: no início deste século, os escravos das Índias Ocidentais falavam (mais como uma superstição do que como "religião" ou rito) da existência de um poder — alegado por seus praticantes e confirmado pelos pacientes —, que causava bem ou mal, e que era sempre empregado por uma "consideração" de algum tipo, por vantagem, quer honorífica, pecuniária, ou de outra espécie daquele que a concedia. Isso ocorre pela influência falsa de certos feitiços, cerimônias, fetiches, ou outros encantamentos, praticados com maior ou menor diversidade pelos adeptos, mágicos e conjuradores, falsos profetas de todas as épocas e países, etc." O autor acredita que o obeísmo está em declínio e assina simplesmente M.[64]

Na mesma edição, encontramos outra resposta: "Quanto à pergunta de T. H. em relação ao obeísmo, embora eu não possa dar uma resposta completa no que diz respeito à origem, etc., acredito que o conhecimento que tenho possa vir a acrescentar algo de valor às informações apresentadas por correspondentes mais abalizados. Visitei a ilha da Jamaica por um

---
63. *Notes and Queries*, vol. III, p. 59 f.
64. idem, vol. III, p. 149 f;

breve período de tempo e pelo que pude aprender sobre o obeísmo, o poder parece ser obtido pelo praticante pela atuação sobre os medos de seus companheiros negros, que são conhecidamente supersticiosos. O principal fetiche parece ser uma mistura de penas, pedaços de caixões funerários e outros ingredientes dos quais não me lembro agora. Acredita-se que um pequeno pacote formado com esses elementos, preso à porta de entrada da vítima, ou colocado em seu caminho, tem o poder de trazer má sorte ao desafortunado indivíduo; e se qualquer acidente, perda ou doença lhe sobrevier, esse fato será atribuído à temível influência da *obeah*! Mas já ouvi falar de casos em que a pobre vítima definha lentamente e morre, devido a tal poderoso encantamento que, segundo fui informado por antigos residentes da ilha, deve ser atribuído a causas mais naturais, especificamente, influência de veneno. O praticante *obeah* coloca uma certa quantidade de vidro moído na comida da pessoa que o desagradou e o resultado é a morte lenta e com sofrimento! Talvez alguns dos leitores médicos possam confirmar se uma infusão de vidro moído causaria esse efeito. Eu simplesmente estou relatando a informação que recebi de outras pessoas, etc." Essa carta foi assinada D.P.W.[65]

Na edição de 19 de abril de 1851, uma carta assinada por T. J. dá uma certa quantidade de referências para mostrar que o "obeísmo não é apenas um rito, mas uma religião, ou melhor dizendo, uma superstição". Mais adiante o autor declara que "a influência obeísta não depende do exercício de nenhuma arte ou magia natural, mas na idéia do mal infundida na mente da vítima".[66]

Em *Notes and Queries* de 10 de março de 1851, Henry H. Breen, escrevendo de Santa Lucia, insiste: "Obeísmo não é uma religião em si mesma, exceto no sentido dado por Burke que afirma: 'a superstição é a religião das mentes fracas'. É uma crença, real ou fingida, na eficácia de certos encantamentos e feitiços; e significa para os negros sem instrução a mesma coisa que a magia representava para nossos ignorantes ancestrais. Em Santa Lucia essa superstição é conhecida como kembois. Ainda é muito praticada nas Índias Ocidentais, mas não há razão para supor que está se difundindo rapidamente".[67]

Enquanto o interesse despertado pelo assunto ainda era intenso, o *Medical Times* [68] publicou um relato escrito pelo Dr. Stobo de Tortula, nas Ilhas Virgens, sobre o peculiar caso do nascimento de uma criança que fora seguido de sintomas impossíveis de serem diagnosticados pelo médico, embora ele não acredite na explicação da paciente, segundo a qual ela era uma vítima de *obeah*. O título do artigo é *"Spasmodic Action of the Uterus — Obeism"*, e o fato principal do caso é assim narrado: "Ann Eliza Smith,

---

65. idem, vol. III, p. 150.
66. idem, vol. III p. 309 f.
67. idem, vol. III p. 376.
68. The Medical Times, 20 de setembro de 1851, p. 306.

de 50 anos, Sambo, doméstica, mãe de três filhos, sofreu um aborto entre o primeiro e o segundo filho, e houve um intervalo de 17 anos entre o nascimento do segundo e do terceiro filho. Durante esse período ela esteve em más condições de saúde. A mulher acreditava, e ainda acredita, ter sido vítima de *obeah*". O editor do *Medical Times* acrescenta a seguinte informação em uma nota de rodapé: "Obeísmo era uma espécie de feitiçaria empregada como vingança, ou proteção contra roubo. O nome deriva de Obi, a cidade, distrito, ou província da África do Sul (*sic*) de onde se originou. Consiste em fazer um encantamento, ou colocar um fetiche perto da casa do indivíduo que sofrerá sua influência, ou, quando praticada para prevenir contra roubos, coloca-se o fetiche em alguma parte visível da casa ou em uma árvore. O fetiche é uma calabaça, ou cabaço, contendo, entre outros ingredientes, uma combinação de diferentes trapos coloridos, dentes de gato, penas de papagaio, patas de rã, cascas de ovo, espinhas de peixe e caudas de lagarto. O pânico imediatamente toma conta do indivíduo que o vê; e, seja porque a vítima se entrega ao desespero, ou devido à secreta administração de veneno, em muitos casos a morte é a conseqüência inevitável". O editor acrescenta logo a seguir: "Apresentaremos, agora, o relato de uma superstição como foi descrita por uma testemunha em um julgamento que ocorreu alguns anos atrás:

'Você tem conhecimento de que o prisioneiro é um praticante *obeah*?'
'Sim, senhor! Um verdadeiro tomador de sombra.'
'O que você quer dizer com *tomador de sombra*?'
'Ele tem um caixão.' (aqui, um pequeno caixão foi apresentado)
'A que sombra você se refere?'
'Quando ele faz *obeah* para alguém, pega a sombra dessa pessoa, e a pessoa morre.'"

Esse exemplo foi tirado de *A Pratical View of the Presente State of Slavery in the West Indies*, Londres, 1828, p. 185, embora nenhum crédito seja dado ao editor que o cita no *The Medical Times*.

Por tudo o que foi dito até agora fica evidente o quão confuso é o conceito dessa forma de feitiçaria que é conhecida como *obeah* jamaicana, mesmo nas mais confiáveis fontes de informação. É nosso propósito, portanto, tentar logo de início esclarecer a origem do nome, bem como a da prática dessa intrigante arte — *obeah*.

Em *Notes and Queries* de 15 de julho de 1899, um artigo assinado por James Platt, Jun. afirma: "*Obi, obeah* — A origem desse conhecido termo das Índias Ocidentais não está definida com exatidão em nenhum de nossos dicionários. Encontramos explicações como '*provavelmente de origem africana*' (Webster e Chambers); '*supostamente de origem africana*' (The Century); '*supostamente trazida da África*' (Worcester). A citação a seguir, do *Dicionário Hugh Goldie da Língua Efik* (do antigo Calabar), Glasgow, 1874, p. 300, parece solucionar a questão, e é de interesse tanto para os etimologistas quanto para os estudiosos de folclore: '*Ubio*, uma coisa, ou mistura de coisas, colocada no chão, como um fetiche, para causar doença ou morte. A *obeah* das Índias Ocidentais'".[69]

Essa curta nota produziu grandes efeitos, ou pelo menos a influência de seu autor se fez sentir rapidamente. Pois o *Dicionário Oxford* logo em seguida aceitou a sugestão de Mr. Platt e descreveu a *obeah* com suas variações *obi, obia, obea, obeeah,* como *'uma palavra da África ocidental: cf.* Efik ubio — *uma coisa, ou mistura de coisas, colocada no chão, como um fetiche para causar doença ou morte",* e cita como fonte o *Dicionário Goldie de Efik,* 1874.[70]

Também Sir Harry Johnston considerava a palavra uma "variação ou corruptela de um termo efik ou ibo, termo do nordeste ou leste do Delta Negro".[71] Mas como seu prefácio é datado de maio de 1910, muito tempo depois do surgimento do vol. VII do *Dicionário Oxford,* seria natural supor que Sir Harry obteve sua informação dessa fonte, a não ser que ele tenha sido a autoridade original consultada pelo editor do dicionário. Qualquer que seja a suposição, temos fontes que se justapõem, e que não são independentes, quanto à origem Efik da palavra.

Recentemente fui informado por indivíduos que trabalham entre a população que fala efik que o termo *ubio* significa lixo ou sujeira, e que a derivação *ubi* significa maldade em geral. Seguindo essa observação, o próprio

---

69. *Notes and Queries,* 15 de julho de 1899, p. 47.
Nota — Essa carta de James Platt atraiu a seguinte resposta de James Hooper de Harwich em *Notes and Queries,* de 29 de julho de 1899: "Se a etimologia do Reverendo H. Goldie, citada pelo Sr. Platt, for correta, o registro do Dr. Brewer sobre *obiism* — modo como ele escreve a palavra — está totalmente errado. '*Obiism,* adoração da serpente. Do termo egípcio *Ob* (a serpente sagrada). As feiticeiras africanas ainda são chamadas de *obi.* A grega *ophis* é da mesma família. Moisés proibiu os israelitas de perguntarem sobre a *Ob,* que traduzimos como mago'. Isso é muito interessante, e nos leva mais adiante, mas existe uma palavra egípcia que significa serpente sagrada? E a palavra hebraica *Ob* tem o mesmo significado da palavra egípcia *Ob*; são ambas suscetíveis da mesma interpretação? Uma feiticeira africana é chamada de *Obi*?" Jacob Bryant (1715-1804) publicou em 1774-76 An *New System or an Analysis of Antient Mythology,* onde um capítulo inteiro é dedicado a *"Ob, Oub, Pytho, sive de Ophiolatria.* Segundo Bryant, a serpente na língua egípcia era chamada de *Ob* ou *Aub – Obion* ainda é o nome egípcio da serpente. Moisés, em nome de Deus, proíbe os israelitas de perguntarem sobre o demônio Ob, que é traduzido como feiticeiro ou mago. Todas essas informações foram incluídas no Relatório dos Lordes do Comitê do Conselho, designado para a consideração de todos os assuntos relacionados ao Comércio e Plantações Estrangeiras, Londres, 1798, como base da etimologia da palavra *obeah,* e como esse relatório, desde então, serviu como ponto de partida para todos aqueles que escreveram sobre o assunto, as opiniões de Bryant prevaleceram até recentemente.
No *Gentleman's Magazine,* de dezembro de 1816, p. 502 f., há uma carta endereçada ao editor, Sylvanus Urban, datada de 1º de junho e assinada por C. V. L. G., de Penzance, na qual, sem fazer referência ao relatório citado acima, o autor chama a atenção para a derivação de Bryant da palavra *Ob,* e acrescenta: "A curiosa coincidência que pretendo apontar é que a feitiçaria praticada pelos negros nas Índias Ocidentais atualmente é chamada de Ob ou Obi: os negros ignorantes têm um medo supersticioso de todos aqueles que professam essa arte".
70. *The New Dictionary on Historical Principles,* publicado por Sir James A. H. Murray, Oxford, 1909, vol. VII;
71. Harry H. Johnston, l.c., p. 253, Nota 1;

Goldie nos dá o principal significado de *ubio* como "qualquer coisa nociva" [72] e a citação repetida pelo *Dicionário Oxford* é um significado secundário. Contudo, mesmo aqui Goldie não fala nada sobre feitiçaria, que ele considera apenas uma palavra sem maiores implicações.[73] Isso pode implicar que o termo *obeah* é usado como uma ilustração da idéia geral de algo que é nocivo ou mau.

Todas essas teorias têm fundamento quando nos remontamos historicamente à introdução da palavra *obeah* na língua inglesa. O primeiro dicionário a incluir o termo foi o *Dicionário Americano da Língua Inglesa*, de Noah Webster. Revisado e aumentado por Chauncey A. Goodrich; publicado por Geroge e Charles Merriam, Springfield, Massachusetts, e registrado em 1847. Na terceira edição do Dicionário — a palavra não aparece nas edições anteriores — encontramos o verbete na p. 762: *"Obeah, s. Uma espécie de feitiçaria praticada entre os negros africanos, Encic. Am."* Como podemos ver, a única referência feita no verbete é à *Enciclopédia Americana*. Essa obra foi primeiramente editada por Francis Lieber e publicada em treze volumes, na Filadélfia, por Carey, Lea e Carey, entre 1829 e 1833. O termo *obeah* aparece no vol. IX, que foi lançado em 1832: "Obeah — *uma espécie de feitiçaria praticada entre os negros, cujo temor, influenciando os medos superticiosos, freqüentemente causa doença e morte"*.

Há razões para acreditarmos que o verbete da *Enciclopédia Americana* seja baseado em uma das edições publicadas na Filadélfia (1805-6 ou 1810) de *History, Civil and Commercial, of the British in the West Indies*, de Bryan Edwards, que foi originalmente publicada em Londres, em 1793. Edwards admitiu que obteve as informações necessárias no *Report of the Lords of the Committee of the Council*, designado para considerações sobre todos os assuntos relacionados ao comércio e a plantações estrangeiras, Londres, 1789. É nesse relatório que encontramos, pela primeira vez, a distinção sugerida: *"Consideramos o termo* obeah, obiah, *ou* obia *(pois é escrito de várias maneiras) o adjetivo, e* obe *ou* obi *o substantivo"*.

Como explicado no relatório, a principal fonte de informação concernente à *obeah* foi Edward Long, que pertenceu a uma antiga família jamaicana e que fora orador da Casa da Assembléia na Jamaica. Ele publicou uma obra intitulada *History of Jamaicas*, em Londres, em 1744, na qual aparece a primeira referência à prática *obeah* feita por um historiador.

Até onde posso garantir, o primeiro registro verdadeiro está nos *Acts of the Jamaica Assembly* (Atos da Assembléia Jamaicana) de 1760, vol. II, Ato 24: *"Para reparar todos os males resultantes das reuniões irregulares de escravos, impedir a posse de armas e munição, o deslocamento de um lugar para outro sem permissão escrita, e a prática de* obeah, *etc."*

---

72. Hugh Goldie, Dictionary of the Efik Language, Glasgow, 1874, p. 300;
73. idem, p. 118.

Até o surgimento do relatório de 1789, a palavra não era muito usada fora da Jamaica. Assim, Montserrat, Nevis, Dominica, São Vicente, Bermuda e Bahamas não conheciam a *obeah*; e em Barbados, Antígua, Granada e São Christopher, onde a *obeah* é mais ou menos conhecida, não há leis que a impeçam de ser praticada, indicando que ainda não é reconhecida como uma ameaça à segurança pública.

Há muito tempo já era lei na Jamaica, mesmo antes que as verdadeiras práticas *obeah* fossem entendidas, transportar para outras colônias nas Índias Ocidentais os indivíduos condenados pela prática da *obeah*. Isso explicaria a presença da palavra, e da prática, naquelas ilhas onde elas eram pouco conhecidas.

Então, podemos concluir que a primeira aceitação da palavra *obeah* pelos dicionários de língua inglesa remonta a uma origem jamaicana. E quando apresentei os fatos precedentes aos editores do *Dicionário Oxford*, eles responderam, com a cortesia característica, pelo atual editor, Sir William A. Craige, em 3 de agosto de 1934: *"A etimologia efik de* obeah *apresentada no Dicionário Oxford da Língua Inglesa foi, sem dúvida, fornecida por James Platt, que não contou com nenhuma outra fonte a não ser a semelhança de som e significado. Como a seção do dicionário que cobre desde a letra O até Onomashie foi publicada em 1902, houve muito tempo para que Sir Harry Johnston conseguisse a informação dessa fonte. Em casos como esses, infelizmente, a evidência dos dicionários é freqüentemente insatisfatória, e não pesa contra a evidência em contrário apresentada pelo senhor"*.

Tendo estabelecido definitivamente que a Jamaica foi o ponto de origem do uso da palavra *obeah* na língua inglesa, a próxima pergunta surge naturalmente — de onde a Jamaica a tomou emprestado?

Em *Voodos and Obeahs* mostrei que o mialismo é a antítese direta da *obeah;* é o remanescente da antiga dança religiosa dos ashantis, assim como a *obeah* é a continuação da feitiçaria ashanti. Portanto, a *obeah* é secreta, maliciosa, e gradualmente assumiu uma forma de adoração do demônio. O mialismo, pelo contrário, é praticado publicamente. É benéfico em seus propósitos, e se transformou no moderno renascimento na Jamaica. Na prática, porém, o mesmo indivíduo é freqüentemente um praticante *obeah* à noite e um praticante mialista durante o dia, quando ele "retira da terra" a mesma *obeah* que plantou enquanto exerce a outra função.

Para explicar como tudo isso surgiu, uma breve revisão do que apresentamos detalhadamente em *Voodos and Obeahs* se faz necessária.

Entre os ashantis da África Ocidental havia um sistema religioso claramente definido em que o Ser Supremo, Onyame, era mais popularmente conhecido pelo título de Nyankopon, que significa Onyame, o único, o grande. Subordinados ao Ser Supremo estavam numerosos guardiões, entidades menores ou espíritos, que agiam como mediadores entre Deus e os homens e que mereciam um lugar de destaque nas observâncias religiosas, uma vez que o próprio Deus era considerado tão distante que, de modo geral, só podia ser alcançado por seus mediadores, exceto em caso de uma necessidade específica, quando as pessoas se dirigiam a Ele diretamente. Conseqüentemente, embora o Ser Supremo tivesse entre os ashantis um templo e um sacerdócio regular [74] para o qual eram necessários três anos de noviciado,[75] nas questões diárias mais comuns a interferência dos guardiões subordinados era solicitada, pois eles eram considerados mais acessíveis e, como resultado, o *okomfo*, ou sacerdote, desses vários espíritos exercia uma influência dominante sobre a vida geral dos ashantis, tanto como povo quanto individualmente. Era prerrogativa do *okomfo* não apenas conduzir o serviço religioso dos santuários das divindades menores, mas também imbuir o amuleto da sorte de sua potência característica. Ele fazia isso não somente pela invocação direta do Ser Supremo, mas especialmente pelos espíritos intermediários, pois eles eram associados às questões humanas. Todos esses ritos e práticas que caracterizam os principais eventos da vida, tais como nascimento, casamento ou morte, tinham um claro caráter religioso. O mesmo acontecia com as celebrações cívicas ou nacionais, e mesmo com a preparação para a guerra ou a coroação de um chefe absoluto.

Simultânea e antagonicamente a esse espírito religioso que permeava a própria vida dos ashantis existia uma condição que pode ser resumida no termo feitiçaria. O capitão Rattray, o grande conhecedor de tudo o que se refere aos ashantis, escreveu: "A feitiçaria era essencialmente o emprego de magia anti-social. A crença na sua prevalência geral devia-se principalmente ao fato de que certas formas de doença que resultavam na morte não podiam ser explicadas de outra forma senão por feitiçaria. Parece haver uma lógica relevante em considerar a morte por feitiçaria algo similar ao assassinato, ainda que sua classificação nesse sentido pelos ashantis não se devesse diretamente a um reconhecimento de um fato que era em muitos casos verdadeiro; ou seja, que um veneno, apresentado em uma forma ou outra, era com freqüência um importante elemento no estoque do suposto feiticeiro".[76]

"O significado secundário do *obonsam* dá evidências de que os ashantis acreditavam na existência de um demônio, ou espírito malévolo, pessoal que reinava sobre os espíritos dos homens vis que morreram".[77]

Como uma derivação dessa palavra, temos *sasabonsam* que, segundo Christaller "é um ser imaginário monstruoso, concebido com um grande corpo com forma humana, mas de uma cor vermelha e com o cabelo muito comprido; e que habita nos locais mais remotos da floresta, onde uma imensa

---

74. Rattray, *Ashanti*, p. 104;
75. Rattray, *Religion and Art in Ashanti*, p. 45;
76. R. Sutherland Rattray, *Ashanti Law and Costitution*, Oxford, 1929, p. 313;
77. Christaller, l.c, p. A.;

árvore é sua residência. Ele é inimigo dos homens, principalmente dos sacerdotes, mas é amigo e líder dos feiticeiros e bruxos".[78]

O capitão Rattray declara que o poder do *sasabonsam* "é puramente para maldade e feitiçaria",[79] e mais adiante afirma: "O *sasabonsam* da Costa do Ouro e dos ashantis é um monstro que, acredita-se, habita regiões das densas matas virgens. Ele é coberto por longos cabelos, tem grandes olhos vermelhos, pernas compridas e pés que apontam para ambos os lados. Senta-se nos galhos mais altos de uma árvore *odum* ou *onyina* e balança as pernas, agarrando assim o caçador desavisado. O ser é hostil aos homens e é inimigo da classe sacerdotal. Acredita-se que os caçadores que entram na floresta e desaparecem — como às vezes acontece — foram pegos pelo *sasabonsam*".[80]

Temos aqui uma clara distinção teórica entre o demônio ashanti — *bonsam* — e esse fabuloso monstro da floresta, o *sasabonsam*. Mas, assim como em inglês, o termo demônio é usado indiscriminadamente tanto para Satã quanto para seus asseclas; também na prática a palavra ashanti *sasabonsam* é usada como um eufemismo para *bonsam*, já que não é bom nem ao menos mencionar os nomes dos mortos, pois seus espíritos podem assombrá-lo.

A palavra ashanti para feiticeiro era *obayifo,* e o capitão Rattray nos dá a seguinte informação sobre esse interessante assunto: "*Obayifo,* derivação *bayi,* feitiçaria (termo sinônimo *ayen*), um mágico, ou de modo mais geral um feiticeiro. Um tipo de vampiro humano, cujo principal prazer é sugar o sangue de crianças que, por essa razão, definham e morrem. Acredita-se que homens e mulheres possuídos por essa magia negra têm poderes controlados pela vontade, sendo capazes de deixar o próprio corpo e viajar grandes distâncias à noite. Além de sugar o sangue das vítimas, eles supostamente têm a capacidade de extrair a seiva e o sumo das plantas. (Casos de destruição de coqueiros foram atribuídos a *obayifos.*) Esses feiticeiros têm aparência comum, e um homem nunca sabe se seu amigo, ou sua mulher, é um deles. Quando estão perambulando à noite, irradiam uma luz fosforescente das axilas e do ânus. Um *obayifo* na vida diária é conhecido por ter olhos penetrantes que estão sempre em movimento; e por um interesse inadequado em comida, sempre falando no assunto, principalmente sobre carne, e aproximando-se quando alguém está cozinhando. Todos esses hábitos são propositadamente evitados. Um homem raramente negará a outro, ainda que seja um estranho, uma porção do que estiver comendo; e um caçador sempre dará um pedaço da carne crua se alguém pedir, esperando evitar a insatisfação de uma pessoa que, até onde ele sabe, pode ser um feiticeiro ou mago".[81]

---

78. idem, p. 429;
79. Rattray, *Ashanti Proverbs*, 56.
80. Rattray, *Religion and Art in Ashanti*, p. 45.
81. Rattray, *Ashanti Proverbs*, 56

Recentemente, no Congresso Antropológico em Londres, Modjaben Dowuona, Esq., nativo da África Ocidental e um dos vice-presidentes da Seção Africana do Congresso, apresentou um trabalho interessante e erudito sobre feitiçaria. Segundo seu ponto de vista: "Há praticamente duas maneiras pelas quais a feitiçaria é praticada. A primeira toma a forma de um poder de prejudicar outras pessoas, principalmente crianças, sem nenhum contato físico ou ato concreto de envenenamento. A morte devido ao envenenamento é considerada em separado daquela que se acredita tenha sido causada por feitiçaria, embora na prática elas nem sempre sejam distintas. A tendência é a de se atribuir à feitiçaria qualquer morte que não possa ser explicada de outra maneira. Parece que esse modo não-físico de matar era primeiramente dirigido a crianças, como podemos evidenciar a partir da palavra *twi* para feitiçaria — *bayi* — que significa literalmente 'tomar ou levar crianças'. É interessante notar que uma corruptela dessa palavra — *obeah* — é usada nas Índias Ocidentais, embora lá ela seja associada à adoração de vários cultos". Novamente, o Sr. Dowuona afirma: "Acredito que possamos ligar a crença nesse tipo de feitiçaria ao desejo de encontrar uma razão que justifique o alto índice de mortalidade infantil que existe nas comunidades africanas..." Um ditado entre os *gas* parece confirmar essa opinião — *"Se você não tem uma bruxa na família, seus filhos não morrerão jovens"*. E ele explicou essa suposição pelo fato de que "o poder de uma feiticeira é limitado aos membros de sua própria família, e que, portanto, nenhuma bruxa de fora pode prejudicar as pessoas de uma família a não ser que conte com a ajuda de uma bruxa que pertença a essa família. O Sr. Dowuona, desta forma, remonta a *obeah* da Jamaica por meio de *obayifo* de ashantis, uma bruxa, para o termo bruxaria, *bayi*, significando literalmente "levando as crianças embora". Este ponto de vista foi sustentado por Christaller,[82] que tirou *bayi*, bruxaria, de *oba*, criança e *yi*, para extrair e transformar *obayifo* em bruxa ou feiticeira. Christaller também dá como sinônimo[83] *ayen* com *obaayen*, um composto de *obaa*, mulher e *ayen*, como a forma feminina. E, provavelmente, foi de *obayen* que a palavra jamaicana *obeah* derivou diretamente. Para Long, em sua *History of Jamaica*, há tempos pronuncia a palavra *obeiah*. Incidentalmente, enquanto examinava a própria cópia do trabalho de Long, o qual está atualmente depositado na Seção de Manuscritos do Museu Britânico, observei que havia a entrada de uma correção na margem: *"Here et sequent.*, por *obeah"*.[84]

Como foi muito bem observado pelo Sr. Dowuona, o conceito primário de feitiçaria implicava, entre os ashantis, uma projeção de certo poder pessoal de onde até a morte poderia ser causada sem nenhum contato

---
82. Christaller, 1. c., p. 11.
83. idem, p. 588.
84. Bristish Museum MS, 12405, p. 463.

físico. Mas na prática, se a projeção do espírito, com seu costumeiro encantamento, fosse ineficaz, era natural recorrer à sub-reptícia administração de veneno, de modo que a reputação da feiticeira não seria afetada. Mesmo assim, acreditava-se que o resultado era produzido apenas pela projeção espiritual. Sem dúvida, os ashantis distinguiam claramente as práticas religiosas, a função dos herboristas e os trabalhos de feitiçaria. O capitão Rattray diz-nos: "De acordo com as informações disponíveis, sabemos agora que os ashantis fazem a seguinte distinção: o *okomfo* — sacerdote; o *sumankwafo* ou *dunseni* — curandeiro; e o *bonsam komfo* — doutor. O termo *okomfo*, sem nenhuma qualificação adicional, refere-se a um sacerdote dos *abosom* — deuses — ortodoxos. Vemos, entretanto, que um curandeiro recebe o mesmo nome como uma espécie de título ou grau honorífico, conhecido como *bayi komfo*, um sacerdote de feitiçaria. Os praticantes de medicina jamais são chamados de *okomfo*; eles são *sumankwafo*, que lidam com *suman*; ou *dunsefo*, que trabalham com raízes; ou *odu'yefo*, que trabalham com remédios.[85]

A feitiçaria ashanti, como prática de magia negra, é essencialmente contrária à religião em qualquer forma e está claramente dissociada da realização de um *suman*, que pode ser considerado magia branca, assim como seu praticante, o *obayifo*, é diferenciado do curandeiro, o *sumankwafo*. Não obstante, o título *bayi komfo,* um sacerdote de feitiçaria, indica que mesmo entre os ashantis se desenvolveu uma fase que pode ser chamada de adoração do demônio, considerando-se que o *sasabonsam,* ou demônio, é intimamente associado aos feiticeiros.[86]

Tal fato ajudaria a explicar a afirmação de J. Leighton Wilson que, ao escrever sobre aquela região da África Ocidental entre Cabo Verde e Camarões, declara: "Fetichismo e demonologia são, sem dúvida, as formas de religião que predominam entre as tribos pagãs da África. São totalmente distintas entre si, mas apresentam semelhanças em muitos pontos e foram tão misturadas pelos autores que se aventuraram a escrever sobre o tema, que não é uma tarefa fácil mantê-las separadas".[87]

Os ashantis foram levados em grande número para a Jamaica pelos comerciantes de escravos. Naturalmente levaram consigo todas as suas antigas tradições e crenças que procuraram colocar em prática no novo ambiente que os cercava. Sendo um povo fortemente religioso, ainda que escravos em uma terra estranha, eles instintivamente voltavam-se abertamente para o *okomfo* em busca de orientação e consolo, ao mesmo tempo em que, necessariamente, temiam as maquinações secretas dos abomináveis *obayifo*. Esse temor rapidamente se espalhou pela população escrava

---

85. Rattray, *Religion and Art in Ashanti*, p. 39;
86. idem, p. 28;
87. J. Leighton Wilson, *Western África, Its History, Condition and Prospects*, Londres, 1856, p. 211.

em geral, e foi essa influência maléfica, mais do que qualquer outra coisa, que deu aos ashantis o controle sobre todas as outras tribos na Jamaica. A administração secreta de veneno tornou-se cada vez mais uma parte integrante dos encantamentos que, de outro modo, poderiam ser ineficazes. Assim, também, *Nyankopon* tornou-se o *Accompong* da Jamaica, da mesma forma que os praticantes *obeah* haviam sido uma transição do *obayifo*.

Herbert G. DeLisser, um jamaicano que hoje é editor do *Kingston Daily Gleaner*, foi um dos primeiros autores a diferenciar a função do sacerdote e do mago ashanti entre as práticas mais antigas encontradas na época da escravidão na Jamaica. Ele escreveu há mais de vinte anos: "Os nativos da África ocidental e particularmente aqueles da região da Costa do Ouro (de onde a maior parte dos escravos jamaicanos eram trazidos) acreditam em uma quantidade de deuses de diferentes classes e poderes. Todos esses deuses têm seus sacerdotes e sacerdotisas, mas há um espírito maligno específico que, na Costa do Ouro, não tem um sacerdócio regular. Ele é chamado *sasabonsam*, e qualquer indivíduo pode entrar em contato com ele. A residência preferida de *sasabonsam* é o seibo. Ele é procurado tarde da noite; seu devoto vai até o lugar onde ele supostamente vive, coleta um pouco de terra, ou alguns gravetos, ou uma pedra, e ora ao deus que seu poder possa entrar nesse receptáculo. Se o devoto acredita que a prece foi ouvida, ele retorna para casa com seu *suhman* (o nome dado ao fetiche), estando agora de posse de um formidável poder prejudicial, ao qual ele oferece sacrifícios e a cuja veneração ele dedica um dia especial da semana. Com a ajuda desse *suhman* o devoto pode enfeitiçar uma pessoa e causar a morte dela. Também pode vender encantamentos que causarão a morte ou lesões corporais... Um sacerdote pode ainda vender encantamentos que afastem ladrões, ajudem uma pessoa a prosperar, ou evitem desastres. Todas essas habilidades fazem parte das funções de um membro do sacerdócio da África Ocidental. O sacerdote pode, até mesmo, tentar causar a morte de um homem, como o mago faz, se for pago o suficiente para isso. Mas os sacerdotes não gostam de se envolver nesse tipo de coisa. A principal função deles é aplacar os deuses, ou seja, impedir que desastres ocorram... Tanto os feiticeiros quanto os magos, os sacerdotes e as sacerdotisas, foram levados à Jamaica na época do comércio de escravos, e os escravos reconheceram a diferença entre os primeiros e os últimos. Até mesmo os senhores perceberam que as duas classes não eram idênticas, e chamavam a última (sacerdotes e sacerdotisas) de 'praticantes mial' — aqueles que curavam as pessoas feridas pelos praticantes *obeah*. É provável que muitos dos sacerdotes africanos tornaram-se praticantes *obeah* após chegarem à Jamaica, simplesmente porque eles não podiam praticar sua profissão original abertamente. Mas quando eram conhecidos como praticantes *obeah*, não importando o quanto fossem respeitados, ainda eram odiados e temidos. Eram considerados responsáveis por qualquer coisa ruim que acontecesse. A simples menção do nome deles já era suficiente para espalhar terror".[88]

Desde o início do estabelecimento de uma legislação na Jamaica, reconheceu-se que as reuniões de escravos que eram marcadas por antigas danças tribais representavam perigo para a colônia. Essas cerimônias eram abertamente acompanhadas por uma batida de tambor que evidentemente incitava o fanatismo dos africanos a ponto de provocar uma rebelião geral. Jamais ocorreu aos donos das plantações que essas danças fossem, na verdade, uma adaptação de ritos religiosos honrados há muito tempo; e eles cometeram o erro de atribuir o perigo inteiramente ao fato de que as reuniões aconteciam entre escravos vindos de diferentes plantações. Os senhores, então, acreditaram que não haveria risco se elas fossem limitadas a cada grupo de escravos, dentro das plantações às quais pertenciam. Portanto, em 1696, o seguinte ato foi aprovado: "E para impedir as reuniões de escravos em grande número aos domingos e feriados, em que eles tomaram a liberdade de engendrar e transmitir muitas de suas transações sangrentas e desumanas: fica determinado pela autoridade competente que nenhum senhor, senhora ou capataz permitirá a realização de reuniões de escravos que não pertençam à sua plantação: estando autorizados a dispersar tais reuniões, contando com a ajuda necessária."[89]

Em sua obra *Ashanti*, o capitão Rattray traz um capítulo muito elucidativo sobre a "Linguagem dos Tambores". Há relatos inacreditáveis sobre a rapidez com que as notícias são transmitidas por toda a África por meio dos assim chamados "tambores falantes", e acredita-se que algo semelhante ao código Morse seja utilizado com esse propósito. Agora sabemos o que realmente acontece: dois tambores são afinados em tons diferentes — são conhecidos como tambor macho e tambor fêmea; o primeiro com um tom baixo e o segundo com um tom alto. Esses tambores são manipulados de modo que a entonação musical, nos casos de línguas distintamente tonais como a ashanti, é tão precisa que se torna inteligível, como se uma palavra tivesse sido falada.[90]

O espaço não nos permitirá examinar o assunto em maiores detalhes, mas podemos afirmar que o processo conduzido pelos ashantis é tão eficiente que temos gravada, por exemplo, a história dos mampons em um recital de tambor que preservou "um registro preciso das migrações do clã desde os tempos remotos quando os manpons estabeleceram-se em Adanse, e também os nomes, feitos e atributos físicos de seus antigos governantes".[91]

---

88. H. G. Delisser, Twentieth Century Jamaica, Kingston, 1913, p. 108 ff.
89. Atos da Assembléia, aprovados na Ilha da Jamaica, de 1681 a 1737, inclusive, Londres, 1743, p. 55;
90. Rattray, Ashanti, pp. 242-286;
91. idem, p. 266;

De fato, a exigência de precisão é tão minuciosa que: "Um tocador de tambor que falhe e 'diga' uma palavra errada pode ser punido com uma multa de uma ovelha, e, no passado, se ele continuasse a errar poderia ter uma orelha cortada".[92] O tocador deve ser muito habilidoso antes de demonstrar publicamente sua proficiência, pois a audiência inteira estará checando todas as palavras em cada recitação.

O que realmente nos interessa aqui é o fato de que entre os primeiros escravos ashantis da Jamaica deveriam existir alguns tocadores de tambor muito experientes que, naturalmente, trocavam mensagens pela ilha e todos os seus companheiros ashantis conseguiam entender a conversa perfeitamente. E mesmo quando o uso do tambor foi proibido, a engenhosidade dos nativos lançou mão de barris, cabaços, tábuas ou qualquer outro meio de produzir notas que correspondessem àquelas geradas pelos tambores macho e fêmea. Isso imediatamente provocou um novo motivo de ansiedade nos donos das plantações. Pois, embora eles não conhecessem nada sobre o sistema dos tambores falantes, percebiam que os problemáticos ashantis comunicavam-se uns com os outros, cobrindo distâncias consideráveis, enviando e recebendo respostas de suas mensagens.

Então, em 1717, um novo ato determinou: "Considerando que a permissão de que um número indefinido de negros se reúna em qualquer plantação, estabelecimento ou qualquer outro lugar, pode resultar em conseqüências fatais para esta Ilha de Sua Majestade, se não forem impedidas a tempo; e considerando que os negros podem, pelas batidas nos tambores, ou soprando em instrumentos feitos de chifres, ou tocando qualquer outro tipo de instrumento semelhante, enviar a distâncias consideráveis notícias sobre suas intenções maldosas, fica decidido que: dentro de um mês após a aprovação deste Ato, nenhum proprietário, procurador ou capataz permitirá a reunião de um número superior a cinco negros em sua plantação ou estabelecimento, ou na plantação ou estabelecimento que esteja sob seus cuidados; nenhum proprietário, procurador ou capataz permitirá o toque de tambores, barris, cabaços, tábuas ou outro instrumento semelhante, nas plantações e estabelecimentos acima citados".[93]

Contudo, não houve nenhuma interferência material com as reuniões puramente locais. Mesmo o Ato de 21 de dezembro de 1781 permitia diversões aos escravos nas propriedades às quais pertenciam, embora o uso de "tambores, chifres e outros instrumentos ilegais" fosse proibido;[94] e o Ato de 19 de dezembro de 1816 estabeleceu a seguinte restrição: "Desde que tais diversões terminem até as dez horas da noite".[95]

---

92. idem, p. 265.
93. *Atos da Assembléia*, l.c., p. 108;
94. Atos da Assembléia, aprovados na Ilha da Jamaica, de 1770 a 1783, inclusive, Kingston, 1786, p. 256 ff
95. John Lunan, *Abstracts of the Laws of Jamaica relating to Slaves*, St. Jago de la Vega, 1819, p. 118;

Ao mesmo tempo, como precaução contra uma proibição total, o *okomfo* ashanti começou a disfarçar o que sobrou dos antigos ritos religiosos em uma das danças permitidas. Essa dança, em sua forma adaptada, ficou conhecida entre os brancos como "dança mial". Possivelmente esse era o nome original dela, mas até agora não consegui identificar sua origem. Certamente, o próprio nome não é ashanti, já que o alfabeto ashanti não inclui a letra *l*, e as únicas palavras nas quais ela aparece são os nomes próprios estrangeiros.[96]

Essa sutil apropriação de uma dança alienígena disfarçou completamente o verdadeiro propósito do *okomfo* perante os proprietários das plantações, mas como conseqüência o próprio *okomfo* foi, aos poucos, perdendo a identidade até se tornar conhecido entre os homens brancos como "praticante mialista" ou "líder na dança mial". E assim permaneceu até o presente. Portanto, o mialismo era, na verdade, a antiga religião tribal dos ashantis, com algumas modificações devido às condições e circunstâncias. Ela substancialmente caracterizava a veneração de divindades menores que eram subordinadas ao *accompong* e incluía a comunicação com os espíritos ancestrais. O antigo antagonismo da classe sacerdotal à prática *obeah* ou feitiçaria acentuou-se e acabou assumindo grandes proporções, a ponto de se tornar uma parte da prática religiosa — desenterrar os fetiches *obeah*. Como expliquei anteriormente,[97] o *okomfo* combatia abertamente o *obayifo* como uma questão de princípio, e ele tinha a seu lado toda a força das tradições religiosas ashantis e o apoio público; e olhava com certo desdém os discípulos de *sasabonsam*.

Por outro lado, na Jamaica, as reuniões religiosas dos nativos eram proibidas por lei, o que muito prejudicava o *okomfo* em sua esfera de influência; até mesmo seu título fora mudado para "praticante mialista", enquanto o *obayifo* ou "praticante *obeah*", que sempre trabalhara em segredo, aumentava seu poder. Pois a própria situação e restrições a que estavam sujeitos os escravos colocavam seus companheiros cada vez mais à sua mercê e lhes infundia um crescente temor dos encantamentos reforçados com o uso de veneno. Seus deuses os abandonaram; por que não ganhar a simpatia do triunfante *sasabonsam*, ou pelo menos suavizar sua inimizade ou aplacar sua vingança? Era natural também para o *okomfo* adaptar sua prática à nova situação. Seu rival odiado, o *obayifo*, devia ser conquistado a qualquer preço. Interesses pessoais e religiosos exigiam que isso fosse feito. Como a veneração pública aos deuses não era mais possível, o *okomfo* foi obrigado a agir em segredo, e não é de se surpreender que ele combateu fogo com fogo, encantamento com encantamento. O objetivo principal de sua religião era o bem estar da comunidade, assim como o objetivo da vida do *obayifo* era prejudicar o indivíduo. A intercessão aberta para o sucesso

---
96. Christaller, l.c., p. 301;
97. *Voodoos and Obeahs*, p. 145 f.

e a prosperidade da tribo necessariamente deram lugar aos planos secretos para quebrar as correntes da servidão. Um ardor fanático apossa-se do *okomfo* mialista e ele cria o ritual mais impressionante possível, para despertar os espíritos adormecidos de seus companheiros escravos.

Assim, com o passar do tempo, era o *okomfo*, e não o *obayifo,* como se acreditava, quem administrava o terrível juramento do fetiche. Era ele quem combinava a pólvora com o rum e acrescentava pó das tumbas e sangue humano para fazer a mistura que selava sobre os lábios dos conspiradores a horrível natureza da trama para a liberdade, e roubava seus corações para a perigosa empreitada. Era ele, e ninguém mais, que criava o pó místico que tornaria seus corpos invulneráveis às balas do homem branco. Finalmente, era o *okomfo,* e não o *obayifo,* que, aproveitando-se de seu conhecimento sobre ervas, induzia um estado de torpor aos colaboradores subservientes, de modo que ele dava a impressão de ser capaz de trazer os mortos de volta à vida.

Entretanto, mesmo substituindo freqüentemente seu próprio cerimonial religioso pelos ritos secretos e obscuros de seu rival, o objetivo do *okomfo* continua a obedecer a lei tribal, pois ele pratica a magia branca para o bem-estar da comunidade e não deixa de combater a magia negra do adversário.

Não nos surpreende, portanto, que o papel do *okomfo* mialista seja tão mal entendido, e que seus trabalhos mais eficazes tenham sido atribuídos pelos homens brancos na Jamaica aos praticantes *obeah*, e que o mialismo tenha sido confundido com feitiçaria e considerado por alguns uma ramificação da prática *obeah*. Mesmo na época da escravidão, os proprietários de plantações na Jamaica reconheciam uma dupla ameaça: perigo ao indivíduo oriundo de envenenamentos cuidadosamente planejados e secretos, e perigo à paz de toda a colônia, nascido de um espírito de inquietação que era provocado nas reuniões dos escravos. Contudo, esses mesmos proprietários estavam totalmente cegos à presença de feitiçaria entre os escravos e não suspeitavam do elemento da adoração ao demônio que se acentuava cada vez mais.

As leis proibindo todas as reuniões religiosas dos escravos, e particularmente as danças acompanhadas por tambores, apenas aumentavam as tramas secretas que confundiam cada vez mais as esferas de influência do *okomfo* e do *obayifo*. E se os senhores ouviam as histórias sobre *obeah*, eles as consideravam apenas superstições tolas e não as associavam de modo algum à crescente ameaça do medo subserviente que era eficazmente assegurado pelos envenenamentos secretos.

Quando finalmente a rebelião de 1760 revelou a ligação da prática *obeah* aos envenenamentos e provocou a forte determinação de destruí-la a qualquer custo, ainda assim a verdadeira situação não foi descoberta. A opinião popular rapidamente passou para o extremo oposto e tudo começou a ser atribuído à prática *obeah*. Mas os legisladores não perceberam que não estavam lidando apenas com feitiçaria, e sim com uma recrudescência do antigo espírito religioso com uma aparência nova e mais perigosa, e que havia feito uma aliança temporária com sua arquiinimiga, *obeah*, contra o opressor de ambas.

Na verdade, quando os membros da Assembléia se reuniram para lidar com o problema da revolta e sua supressão, a princípio não encontraram nenhum motivo para rever os princípios gerais que os guiaram no passado. Assim, no Registro Anual de 1760,[98] lemos: "Regulamentações estabelecidas nas sessões de paz na Jamaica, em 1º de maio de 1760, para impedir perturbações futuras concernentes aos negros da ilha. Que nenhum negro será autorizado a sair da plantação à qual pertence se não estiver acompanhado de um homem branco ou trazer consigo uma permissão escrita. Todo negro que participe de qualquer jogo será açoitado nas ruas. Todo proprietário de estabelecimento que permita a participação de negros em jogos será condenado a pagar quarenta shillings. Qualquer proprietário que permita a seus negros tocar tambor, soprar em instrumentos feitos de chifres, ou fazer qualquer outro barulho em sua plantação, será condenado a pagar dez libras; se for o capataz, pagará cinco libras; e qualquer oficial civil ou militar terá poder para entrar na plantação e exigir o dinheiro, ou aceitar penhor, etc." E ainda não há nenhuma menção à *obeah*!

Mesmo quando o Ato formal que objetivava a regulamentação da conduta dos escravos para o futuro foi introduzido na Assembléia de 6 de dezembro de 1760, ainda não havia nenhuma referência à feitiçaria. Mas a discussão que se seguiu envolveu de tal modo os legisladores reunidos, que quando o Ato foi aprovado em 13 de dezembro ele continha a primeira menção específica à *obeah* em um documento público. O texto completo desse Ato de 1760, que nunca foi impresso pois não obteve o Consentimento Real e, conseqüentemente, nunca se tornou uma lei da colônia, pode ser encontrado no Cartório de Registro Público, em Londres.

No preâmbulo, lemos: "Considerando que ocorreram rebeliões e conspirações rebeldes entre os escravos desta Ilha e considerando que ensinar aos escravos o manejo de armas e guardar grandes quantidades de armas e munição em locais impropriamente vigiados pode ser um meio de facilitar que esses escravos rebeldes executem suas intenções sanguinárias; e considerando que permitir aos escravos que saiam dos lugares aos quais pertencem sem permissões escritas ou permitir que eles se reúnam, vindos de diferentes plantações, ou outros lugares, para tocar seus tambores, cabaços, tábuas, barris, ou outro instrumento semelhante, ou soprar seus instrumentos feitos de chifres, possa ter as mais perigosas conseqüências; e considerando que em muitas propriedades e plantações nesta Ilha existem escravos de ambos os sexos conhecidos como praticantes *obeah*, cuja influência

---

98. *The Annual Register*, 1760, p. 124.

sobre os outros escravos, pela opinião firmada de que eles são dotados de estranhas faculdades sobrenaturais, já causou muitos e grandes perigos que podem vir a destruir a paz e o bem-estar desta ilha; para impedir que no futuro tais rebeliões ou conspirações rebeldes e as conseqüências fatais das reuniões acima mencionadas, nós, os súditos mais obedientes e leais à Sua Majestade, ..."

Quando chegamos à seção que trata da *obeah*, lemos: "E para impedir os diversos danos que podem ocorrer devido à arte malévola dos negros chamados de praticantes *obeah*, que fingem manter contato com o demônio e outros espíritos malignos, levando os fracos e supersticiosos a acreditarem que esses praticantes têm poder total de impedir que qualquer tipo de mal aconteça às pessoas que estão sob a proteção deles; fica, então, estabelecido pela autoridade acima mencionada que, a partir do primeiro dia do mês de janeiro, do Ano de Nosso Senhor de 1761, qualquer negro ou outro escravo que finja possuir qualquer poder sobrenatural e que seja pego usando sangue, penas, bicos de pássaros, dentes de cachorro, dentes de jacaré, garrafas quebradas, terra de tumbas, rum, cascas de ovo, ou qualquer outro material relativo à prática de *obeah* ou feitiçaria com o objetivo de iludir e influenciar a Mente dos outros, será condenado à morte ou deportação perante dois magistrados e três proprietários de terra...".[99]

Aqui, devemos observar em primeiro lugar que a prática *obeah* é identificada com feitiçaria e, em segundo lugar, que é considerada uma forma de pseudo-adoração ao diabo, uma vez que os praticantes *obeah* afirmavam estar em comunhão com o demônio e outros espíritos malignos; e isso era precisamente o fundamento de suas alegações de poderes sobrenaturais. Assim, o diabo ashanti, ou *sasabonsan*, tornou-se definitivamente o *Obboney* jamaicano, segundo o ponto de vista adotado pela Assembléia da Jamaica. Além disso, o trabalho do *okomfo*, ou praticante mialista, é inteiramente ignorado e do momento da aprovação do Ato em diante, pelo menos em aspectos legais, o *obayifo* passou a reinar soberano.

É verdade que quando a escravidão chegava ao fim, os descendentes da antiga classe dos sacerdotes fizeram um último esforço para reconquistar o prestígio de outrora, fazendo-se notar aos homens brancos, especialmente por seu zelo ao desenterrar os fetiches *obeah*. Mas a identidade deles fora há tanto tempo sufocada nas caóticas superstições presentes nas propriedades rurais que a nova atividade não foi reconhecida como uma recrudescência das antigas práticas religiosas ashantis, mas simplesmente considerada uma mera ramificação da *obeah*, e até mesmo o título "praticante mialista", dado pelos brancos aos reajustados *okomfos*, sofreu tantas alterações que não restou nenhum elemento que indicasse o antigo sacerdócio ashanti.

---

99. C. O. 139/21.

Edward Long, o primeiro historiador a mencionar a arte *obeah*, juntou-se à Assembléia da Jamaica pouco tempo depois da aprovação do Ato de 1760 e, durante os sete anos seguintes, participou de discussões sobre o assunto, que freqüentemente vinha à pauta. Seus registros, portanto, podem ser considerados um relato fiel do que era comumente aceito pela crença popular da época em relação à *obeah*.

Assim ele escreve quanto aos escravos: "Eles acreditam realmente em aparições de espectros. Os espíritos dos colegas mortos são amigáveis; outros, de aspectos mais hostis, são chamados *bugaboos*. Os mais sensatos entre os escravos temem os poderes sobrenaturais dos praticantes *obeah* africanos, ou supostos conjuradores, freqüentemente atribuindo os efeitos mortais à magia, quando, na verdade, são apenas os efeitos naturais de alguma substância venenosa, habilmente administrada por esses malfeitores. Mas os *creoles* imaginam que as virtudes do batismo, ou o ato de torná-los cristãos, torna a arte *obeah* totalmente ineficaz; e por essa razão muitos desejaram ser batizados, para que possam escapar da *obeah*. Não faz muito tempo, alguns desses execráveis infelizes introduziram na Jamaica algo que chamaram de dança mial e estabeleceram um tipo de sociedade para a qual convidaram todos os que puderam. Usaram como atrativo a promessa de que todo negro iniciado na sociedade Mial seria invulnerável ao homem branco; e mesmo que aparentemente a pessoa estivesse morta, o praticante *obeah* tinha o poder de restaurar a vida ao corpo, se assim desejasse. Para realizar esse truque usava-se uma infusão fria feita com uma erva que, após a agitação da dança, provocava um sono profundo nos participantes. Nesse estado, o indivíduo parecia estar morto, sem pulsação ou batimento cardíaco perceptível até que seu corpo fosse friccionado com outra infusão (ainda desconhecida dos brancos). Então os efeitos da primeira erva eram gradualmente minimizados; o corpo recuperava os movimentos, e a pessoa que sofreu o experimento acordava como que de um transe, ignorando totalmente o que se passara desde que começou a dançar".[100]

Aqui, novamente, devemos ressaltar a confusão de idéias concernentes às funções do praticante mialista e àquelas que eram, por direito, do praticante *obeah*, embora na prática, sem dúvida, a mesma pessoa freqüentemente assumisse os dois papéis.

Em seus escritos de 1740, Charles Leslie descreveu o que pode ser chamado de uma sessão mialista. Trata-se, na verdade, de uma provação religiosa, seguindo os padrões das que eram realizadas na África, e não das que são apresentadas como verdadeiros exemplos de *obeah*: "Quando qualquer coisa desaparece em uma plantação, eles professam um tipo de juramento solene, que é sempre administrado pelo negro mais velho e que é considerado tão sagrado para eles que, a menos que recebam ordem expressa do mestre ou capataz, não começam o trabalho. Ficam parados

---

100. Long, l.c., vol II, p. 416.

próximo ao local onde os negros são enterrados, e um deles abre uma cova. Aquele que atua como sacerdote pega um pouco de terra e coloca dentro da boca de cada um deles. Os negros afirmam que a barriga do culpado começará a inchar e ele morrerá. Eu jamais vi algo assim acontecer, mas comenta-se que certa vez a barriga de um rapaz realmente inchou e, na hora da morte, ele admitiu ter praticado o roubo. Mas eu não acredito de modo algum que tenha existido alguma relação entre a causa e o efeito, pois a morte do rapaz pode ter sido provocada por milhares de acidentes, sem nenhuma ligação com essa tola cerimônia".[101]

Baseado no Relatório de 1789, Robert Renny declarou: "Sejam quais forem os conceitos religiosos dos negros, eles, do mesmo modo que seus mestres europeus, parecem dar pouca importância às cerimônias de qualquer sistema na Jamaica. Isso não quer dizer que sejam menos supersticiosos. A crença em *obeah*, ou feitiçaria, é quase universal entre eles. Aqueles que professam essa ciência oculta são sempre africanos e geralmente velhos e astuciosos. Cabelos grisalhos, aspecto sério e uma certa habilidade no uso de ervas são as principais qualificações para esse curioso ofício. Os negros, tanto os africanos quanto os *creoles* (aqueles nascidos na ilha), reverenciam-nos, consultam e temem".[102]

No ano seguinte, 1808, adotando o ponto de vista geralmente apresentado pelos missionários da época, J. Steward afirmou: "A simples crença de ser um cristão produz um bom efeito na mente dos negros; funciona como um antídoto eficaz contra os encantamentos e feitiços das suas superstições nativas. Um negro que deseja se vingar de outro, mas teme um ataque direto ao adversário, recorre à *obeah*. O feitiço da vingança é considerado muito potente e irresistível, pois enfraquece e paralisa, por meio de terrores indescritíveis e sensações estranhas, a infeliz vítima. Como o caldeirão das bruxas em *Macbeth*, é a mistura de uma série de coisas asquerosas e repugnantes: uma pata de sapo, uma cauda de lagarto, um dente de cobra, a plumagem de um corvo ou abutre em putrefação, uma casca de ovo quebrada, um pedaço de madeira esculpido na forma de um caixão e muitos outros ingredientes impossíveis de serem indicados compõem a mistura fatal. Acredita-se que a prática da *obeah* terá pouco efeito se o negro não souber que ela está sendo dirigida a ele pois, como o mal reside nos terrores de uma imaginação perturbada, o fato de a feitiçaria ser ou não realmente praticada traz poucas conseqüências, bastando que a vítima acre-

---

101. Charles Leslie, *A New History of Jamaica*, Londres, 1740, p. 308;
102. Robert Renny, *A History of Jamaica*, londres, 1807, 169 f.
Nota — A Professora Beckwith afirma: "É verdade que à medida que os Negros se tornam mais instruídos e mais inteligentes, as crenças em espíritos (das quais dependem as práticas *obeah*) perdem seu poder sobre a mente das pessoas; por isso, um número cada vez maior de praticantes *obeah* se dedica a essa arte por razões mercenárias ou pela oportunidade que o negócio lhes dá de satisfazer desejos sexuais. Mas o fato de que o negócio continua lucrativo prova a persistência da crença; e não há razão para supor que o praticante seja sempre mais inteligente que a maioria das pessoas que empregam seu serviço". (1.c, p. 107 f.)

dite na existência do feitiço. Um praticante *obeah* é, portanto, uma pessoa muito perigosa; e o uso dessa arte para fins malévolos é considerado um crime pela lei. Mas uma grande quantidade de pessoas pode ser morta antes que a prática seja detectada, pois, por mais estranho que pareça, embora os negros temam essa arte, eles continuam a praticá-la e não a revelam aos homens brancos, quer por medo ou por estarem ligados aos praticantes em seus propósitos maléficos e de vingança. Um negro assim transtornado só pode se livrar de seus terrores se se tornar cristão. Caso essa indulgência lhe seja recusada, ele perecerá como uma vítima de males imaginários. O autor tomou conhecimento de um caso envolvendo um negro que, por sofrer a influência da *obeah*, foi reduzido ao mais baixo estado de debilidade e depressão, do qual havia pouca esperança de que se recuperasse, e foi curado rápida e surpreendentemente quando batizado como cristão".[103]

Na segunda edição de sua obra, publicada quinze anos depois, e com o novo título de *A View of the Past and Present State of the Island of Jamaica*, essa passagem foi reescrita, e após atribuir os efeitos da *obeah* à imaginação supersticiosa, o autor declara: "Mas se o feitiço não se apodera da mente da vítima, o praticante recorre ao envenenamento. Tal prática mantém a reputação do feiticeiro e atinge os resultados almejados. (Os Negros que praticam *obeah* conhecem venenos vegetais muito poderosos e os utilizam nessas ocasiões.) Um praticante *obeah* (homem ou mulher) é uma pessoa muito malévola e perigosa em uma plantação, e a prática dessa arte é considerada crime por lei e passível de ser punida com a morte, em caso de uso de veneno; e deportação, quando apenas o encantamento foi utilizado".[104]

Fica claro para nós que naquela época, segundo a opinião geral dos escravos, a *obeah* era essencialmente uma atividade sobrenatural que podia provocar a morte. Como eles estavam convencidos de que o batismo era a única proteção eficaz, parece que o Diabo era considerado o principal agente operador de tal magia negra. Sem entrar na questão da veracidade dessa crença popular, podemos descrever, com segurança, a *obeah* praticada nesse período como uma forma de feitiçaria cujos fins eram alcançados pelo medo supersticioso, suplementado pelo uso sub-reptício de veneno, quando necessário.

Em relação a esse mesmo período, um artigo do *TheEdinburgh Review*, de agosto de 1817, sob o título *Presente State of the West Indian Affairs*, cita um relatório do Dr. Williamson:[105] "No que toca à descrição dessa prática, devemos temer as práticas obscuras e ocultas do *obi*, as

---

103. J. Stewart, *An Account of Jamaica and its Inhabitants*, Londres, 1808, p. 256 ff.
104. J. Stewart, *AView of the Past and Present State of the Island of Jamaica*, Edimgurgo, 1823, p. 276 f;
105. John Williamson, *Medical and Miscellaneous Observations relative to the West India Islands*, Edimburgo, 1817;

conseqüências deprimentes e supersticiosas das ameaças vindas de um negro que inspira respeito e exerce influência na plantação, contra um negro que não tem consciência da futilidade e falsidade dessas ameaças".[106] O Dr. Williamson tratava de um paciente com problemas no estômago ocasionados pelo hábito de ingestão de terra que era, inquestionavelmente, provocado por vermes. No entanto, ele não reconheceu tal fato uma vez que esse problema não era conhecido até poucos anos.

O artigo continua: "Os efeitos da feitiçaria *obi* foram referidos em um dos trechos do relatório. Outro trecho ilustra sua influência e confirma a posição de que existe quase sempre, se não em todos os casos, uma ligação íntima entre o mal do estômago e o sofrimento mental. Após descrever alguns casos, nosso autor prossegue: 'Esses casos foram agravados devido às impressões *obi* que, infelizmente, ficaram registradas nas mentes das vítimas. Um terror específico de voltar à montanha, onde essas apreensões supersticiosas são formadas, parecia tomar conta de suas mentes. É absurdo tentar raciocinar com a maioria dos negros quanto a essa questão; e, freqüentemente, baseados em elementos que não podemos compreender, eles não revelam quem são os praticantes *obi* de quem têm medo'".[107]

Há a menção de outro caso citado por Williamson: "Agnes estava sentada ao lado da 'doutora' negra, exultando pelos progressos que fazia em sua recuperação. Na manhã seguinte o negro mais velho, que pertencia à propriedade, aproximou-se dela. O nome dele era Dick e havia estabelecido uma forte reputação como praticante *obi*. Não muito tempo antes, Agnes recusara sua corte, e Dick a ameaçara. A moça ficou tão impressionada que desmaiou quando o homem se aproximou dela. Apesar de todos os esforços, não foi possível recobrar sua consciência e, em poucos dias, ela faleceu.

Houve uma revolta tão grande e violenta por parte dos negros contra Dick, que o capataz da propriedade foi obrigado a pedir uma intervenção. Um grupo de investigadores, acompanhado pelo capataz e por Dick, foi até a casa deste procurando objetos *obi*. O chão da casa foi cavado e um pequeno caixão, removido. Dick alegou que o colocara ali em memória de um amigo. Os negros negaram tal fato e afirmaram que o caixão era um de seus instrumentos para praticar *obi*.

É incalculável a extensão do dano causado por pessoas astuciosas como Dick, quando elas criam nas mentes dos negros uma impressão supersticiosa de que possuem poderes sobrenaturais. Tais pessoas satisfazem sentimentos de vingança contra sua própria cor de uma maneira destrutiva; e quando se indispõem com seus senhores, essa disposição maligna é satisfeita pela destruição dos negros que são propriedade do senhor. Veneno mineral foi, em alguns casos, empregado com habilidade; e acredita-

---
106. idem, vol. I, p.361.
107. idem, vol. I, p. 359 f.

se que existam venenos vegetais que são mais difíceis de serem descobertos. Raramente esses venenos são utilizados, pois o efeito de uma ameaça feita por um praticante *obeah* é suficiente para levar a vítima à doença mental, ao desespero à e morte.

A evidência contra Dick não deixava quaisquer dúvidas, e os negros temiam sua permanência na propriedade. O caso foi submetido ao proprietário, e Dick foi levado para alguma possessão espanhola".[108]

Mais uma vez, temos um relato apresentado por uma testemunha cuja descrença pelo processo reforça o valor de sua evidência de que a real influência por parte dos praticantes *obeah* reside no fato de que "criam nas mentes dos negros uma impressão supersticiosa de que possuem poderes sobrenaturais".

Outro testemunho do mesmo período apareceu no jornal *Times*, de Londres, em 5 de dezembro de 1818, sob o título *Colonial Intelligence*, em que lemos: "Através de um recente Ato da casa da Assembléia (Barbados), foi feita uma tentativa de suprimir com mais eficácia a pratica de *obeah*. Nossos leitores estão cientes de que esse nome designa um tipo de poder necromântico, que é praticado principalmente pelos negros, com os piores propósitos. Pelo Ato citado acima, no entanto, fica decretado que 'qualquer escravo que, voluntária, maliciosa e ilegalmente, fingir que possui qualquer poder sobrenatural, com o objetivo de incentivar rebeliões de escravos nesta ilha, ou de ferir ou afetar a saúde e a vida de qualquer outro escravo; ou que voluntária e maliciosamente usar ou difundir a prática ilegal de *obeah*, será condenado à morte ou deportação, conforme a decisão da Corte. Além disso, se qualquer escravo, voluntária e maliciosamente, na prática de *obeah*, ou ato semelhante, misturar ou preparar, ou tiver em sua posse, qualquer veneno, ou qualquer substância ou coisa nociva ou destrutiva, com a intenção de administrá-la a qualquer pessoa (seja branca, negra ou mestiça), ou voluntária e maliciosamente administrar, ou fazer com que seja administrado, a essa pessoa qualquer veneno, ou qualquer substância ou coisa nociva ou destrutiva, ainda que não ocorra a morte, esse escravo, com seus conselheiros, ajudantes e cúmplices (se forem escravos), desde que conhecedores das intenções maléficas, serão condenados à morte, deportação, ou outras punições que a Corte julgar cabíveis'".

Esse texto nada mais é do que uma extensão do Ato da Jamaica sobre o tema da *obeah* na ilha de Barbados, onde as condições eram praticamente as mesmas encontradas na colônia maior.

O século passado pode ser brevemente revisto por algumas citações que mostrarão que, substancialmente, a arte *obeah* mantém-se a mesma, mas com o passar do tempo, o praticante *obeah* apropriou-se cada vez mais das funções e técnicas do praticante mialista, até que este praticamente deixou de existir como uma entidade separada.

---

108. idem, vol. I, pp. 114 e seguintes.

Como foi explicado em *Voodoos and Obeahs*,[109] imediatamente após a emancipação da Jamaica e durante os dias da reconstrução de toda a ordem social, com a tentativa de ajuste a condições que eram tão diferentes das que prevaleceram por aproximadamente duzentos anos, quando a palavra do senhor dos escravos valia contra o mundo, total liberdade era dada ao frenesi religioso que deixou novamente em voga o espírito mialista, reprimido por tanto tempo. Um espírito de exultação naturalmente levou os escravos do passado a tirar vantagem dessa liberdade e de prazeres há muito proibidos, e explosões de fanatismo religioso misturaram-se de tal forma às saturnais noturnas que, por algum tempo, tornou-se difícil distinguir umas das outras. O objetivo original do mialismo rapidamente se restaurou. Agora que as correntes foram retiradas de seus corpos, por que também não libertar as correntes da alma? "Desenterrar *obeah*", conseqüentemente, tornou-se uma prática muito difundida.

Esses acontecimentos refrearam a feitiçaria durante algum tempo; ou, melhor dizendo, deixaram-na ainda mais secreta e vingativa.

Como conseqüência, o terror que ela infundia aos negros, sem exceção, não perdeu a força. E não é surpresa o fato de que, ocasionalmente, o praticante *obeah*, para autoproteção, assumia o papel de mialista e "desenterrava" a *obeah* que talvez ele mesmo tivesse enterrado. Em público, também, ele podia se apresentar como um curandeiro mialista enquanto, em segredo, ainda era um praticante *obeah*. Aplicava o antídoto feito de ervas contra o veneno que ele próprio administrara em segredo.

O Dr. R. R. Madden foi um dos seis magistrados estipendiários enviados à Jamaica em outubro de 1833. Escrevendo de Kingston em 8 de setembro de 1834, ele descreve um caso de *obeah* que lhe fora trazido em Spanish Town, no qual se alegara que o praticante *obeah* havia enfeitiçado uma criança, defumando um certo "arbusto" e encobrindo sua vítima com a fumaça. Durante o julgamento, o acusado "confessou que era um praticante *obeah*; que não fazia isso por ganho ou vingança, mas unicamente porque o diabo lhe obrigava a ser mau". O relato de Madden continua, explicando que "o acusado não tinha nenhum rancor ou mágoa contra o pai ou a mãe da criança, nem desejava feri-los. Ele viu a criança e não conseguiu resistir à tentação do diabo em enfeitiçá-la, mas esperava que nunca fizesse isso de novo; e rezaria a Deus para que o impedisse de ser mau novamente." O Dr. Madden acrescentou: "Segundo o promotor, essa declaração feita a ele pelo prisioneiro parecia franca e verdadeira, o que dava a impressão de veracidade".[110]

Temos aqui, finalmente, uma clara indicação da crença do praticante *obeah* de que ele age como um instrumento do diabo, e a mesma opinião é compartilhada por suas vítimas.

---

109. *Voodoos e Obeahs*, pp. 191 e seguintes.
110. R. R. Madden, *A Twelvemonths' Residence in the West Indies, during the Transition from Slavery to Apprenticeship*, Londres, 1835, vol. I, p. 93.

O Reverendo Benjamim Luckock declarou em 1846: "A prática *obeah* obtém seu poder de um suposto, ou fingido, relacionamento com espíritos capazes de controlar ou infligir o mal." Porém, ele expressa a dúvida: "Há alguma dificuldade em entender se a crença foi dada ao *Obi*, ou *Obeah*, como um personagem de fantasia, ou ao *obeahísmo*, como um sistema baseado na influência imaginária de espíritos malignos".[111]

O Reverendo Luckock estava diante da antiga confusão feita entre a prática *obeah* e o espírito do mal que está por trás dela, que resultou na transformação do *sasabonsam ashanti* no *obboney* jamaicano.

Não nos surpreende, portanto, que Charles Rampini tenha escrito em 1873 que "a adoração da serpente ou do diabo não é algo raro de se encontrar nos distritos, e o praticante *obeah* é invariavelmente o sacerdote desses ritos pagãos."[112]

O Reverendo R. Thomas Banbury, um nativo jamaicano, que foi pároco da Igreja de São Pedro em Hope Bay, publicou, em 1894, um panfleto contendo cinqüenta páginas, com o título *Jamaica Superstitions; or The Obeah Book*. Trata-se de uma exposição precisa das crenças e práticas supersticiosas existentes na Jamaica na segunda metade do século XIX, pelo menos nos distritos que ele conhecia.

O Reverendo Banbury inicia o tratado com as seguintes palavras: "OBEAHÍSMO. Associações malévolas, imorais, repugnantes e depreciativas são trazidas às mentes daqueles que conhecem os perniciosos efeitos dessa superstição existente na Jamaica, com a simples menção de seu nome. A mais cruel superstição em seus intentos, a mais suja em suas práticas, a mais vergonhosa e degradante em suas associações. Ela não dirigiu sua influência maligna apenas contra a sociedade popular na ilha, mas atingiu a Igreja de Cristo. Dificilmente encontramos pessoas ligadas à religião cujas mentes não estejam, até certo ponto, manchadas por ela — que não acreditem que a influência da *obeah* seja capaz de exercer algum efeito maligno sobre suas mentes, corpos ou propriedades; e temos motivos para acreditar que bem poucas não a pratiquem diretamente... A superstição é a mãe da idolatria e de todos os males concomitantes a esse pecado. Qual foi o 'demônio pestífero' que varreu a terra da África com seu 'hálito impuro', devorando seus habitantes? A Superstição".[113]

Em relação à vinda da *obeah* da África, o Reverendo Banbury faz a interessante observação: "Acredita-se que o praticante *obeah* africano traz a sua magia sob o cabelo quando é transportado para cá. Por essa razão os cabelos dos africanos eram raspados antes que eles descessem do navio e se isso não fosse feito, engoliria as coisas pelas quais trabalhou na África, antes de deixá-la".[114]

---

111. Benjamin Luckock, *Jamaica: Enslaved and Free*, Nova York, 1846, p.126.
112. Charles Rampini, *Letters from Jamaica*, Eddimburgo, 1873, p.132.
113. T. Banbury, *Jamaica Superstitions: or The Obeah Book*, Kingston, 1894, p. 5.;
114. idem, p. 6.

No que diz respeito ao praticante *obeah*, Banbury declara: "Ele é o agente encarnado de Satã; a personificação de tudo o que é malévolo, imoral e enganoso. Às vezes é possível distingui-lo facilmente por sua aparência sinistra e modo de andar vagaroso. Um praticante *obeah* raramente olha diretamente nos olhos de uma pessoa. Geralmente, ele é um sujeito de aparência suja com chagas nos pés. Mas alguns deles têm uma aparência decente e são bem vestidos. Ele sempre carrega uma *bankra* — uma sacola ou bolsa — onde leva seus 'instrumentos'. É um profissional muito bem pago; às vezes até mais do que um médico ou advogado. É um fato conhecido que, em casos de processo, os serviços de um praticante *obeah* são contratados, como os de um advogado, e, algumas vezes, ele não apenas 'trabalha' em casa sobre o processo, mas comparece à Corte com seu cliente com o objetivo de 'fechar' a boca, como costumam dizer, do promotor e de suas testemunhas, e de influenciar o juiz e o júri. O praticante *obeah* deve ser temido em relação ao sistema de envenenamento — prática que lhe é muito comum. Ele conhece todos os venenos vegetais da ilha e, às vezes, tem-nos plantados em seu jardim. Ele sabe que o veneno vegetal não é tão facilmente identificado quanto o mineral após a morte e, portanto, prefere usá-lo em seu trabalho diabólico. O praticante *obeah* administra o veneno tanto pela pele quanto pela boca. Afirma-se que ele realiza uma fina decocção desses venenos e umedece as roupas de baixo da vítima, que são levadas até ele. Uma vez devolvidas aos seus donos, que de nada suspeitam, estes as vestem e o veneno é absorvido pela transpiração, provocando uma terrível doença no organismo. Muitas pessoas foram vítimas desse tipo de envenenamento e não conseguiram identificar a causa da doença".[115]

Antes de encerrar o tema *obeah* e passar para o mialismo, o Reverendo Banbury faz a seguinte declaração surpreendente: "Ao tratar do tema *obeahísmo* e outras superstições existentes na Jamaica, não queremos deixar em nossos leitores a impressão de que somente os negros do país acreditam nelas. A maioria dos mestiços também se inclui na categoria dos supersticiosos, e até mesmo algumas pessoas brancas também nela se inserem. Como já dissemos no início deste trabalho, são poucas as pessoas que não se deixam levar pelo medo supersticioso das influências da *obeah*, embora não a pratiquem".[116]

Cinco anos após o lançamento do panfleto do Reverendo Banbury, W. P. Livingston declarou: "O *obeahísmo* espalha-se como uma ameaça negra do mal através da história conhecida da raça. É o resultado de duas condições — uma receptividade ignorante e supersticiosa, de um lado; e de outro, inteligência e astúcia suficientes para tirar vantagem disso. O praticante *obeah* é qualquer negro que avalia a situação e se aproveita dela

---

115. idem, p. 7 e seguintes;
116. idem, p. 18.

para fazer uso do medo de seus companheiros. Ele alega ter uma autoridade oculta e professa possuir o poder de tirar ou salvar vidas, causar ou curar doenças, trazer a ruína ou criar prosperidade, descobrir malfeitores ou vingar os inocentes. Seus instrumentos são alguns estranhos objetos, tais como penas de galo, pedaços de panos velhos, ossos, pequenas quantidades de terra de túmulos, etc. Os encantamentos com os quais eles acompanham suas operações são meramente um resmungo de um jargão improvisado. A verdadeira vantagem do praticante *obeah* nos tempos da escravidão estava em seu conhecimento e uso de plantas venenosas. Atualmente, a utilização de veneno não é mais uma prática muito comum, mas o medo que ele ainda inspira entre as pessoas ignorantes é muito intenso, e o fato de que o praticante *obeah* voltou sua atenção a determinadas pessoas é, na maioria das vezes, suficiente para levá-las ao desespero. O *obeahísmo* é uma superstição ao mesmo tempo simples, tola, terrível e ainda vigorosa; mas, no passado, era um agente tão poderoso quanto a própria escravidão ao manter a natureza depreciada".[117]

Escrevendo sobre o mesmo período, um missionário que trabalhara por mais de uma década em um dos piores distritos onde a *obeah* estava presente resume a situação de maneira crítica: "*Obeah* pode ser definida em geral como uma crença supersticiosa de que certos homens e mulheres, conhecidos como praticantes *obeah*, podem exercer determinados poderes sobre lugares, pessoas e coisas, e produzir efeitos além dos poderes naturais do homem, por expedientes que não são divinos. Parece ser uma combinação de magia e feitiçaria. Magia, segundo as informações que recebemos, é uma tentativa de realizar milagres pelo uso de forças ocultas que estão além do controle do homem; assim é em *obi*, uma tentativa de produzir, por meio de algum poder indeterminado e invisível, efeitos fora de proporção e além das capacidades das coisas e atividades empregadas. Na feitiçaria, segundo fomos informados, está envolvida a idéia de um pacto diabólico, ou pelo menos um apelo à intervenção dos espíritos. Na história, em relação à invenção e prática de *obi* existe a idéia da associação com o demônio... Sua majestade satânica é o líder invisível da *obeah*. O agente visível é o praticante *obeah*, homem ou mulher, mas com mais freqüência do sexo masculino. Quem e o que é o praticante *obeah*? Em geral, qualquer homem ou mulher que supostamente mantém contato com algum agente invisível pelo qual ele ou ela pode exercer um poder sobrenatural sobre seres animados e inanimados. Existem praticantes *obeah* de todos os tipos, assim como temos médicos profissionais e charlatões. Como o *obeahísmo* é muito comum entre as pessoas e é uma forma de religião, é natural para qualquer indivíduo praticá-lo como praticaria qualquer rito religioso. Daí podemos facilmente entender como qualquer malfeitor que deseja satisfazer sua vingança, avareza ou luxúria, pode trabalhar com a supersticiosa

---

117. W. P. Livingston, *Black Jamaica*, Londres, 1899, pp. 19 e seguintes.

prática *obi* e receber o nome de praticante *obeah*. Por isso a prática *obi* é muito comum".[118]

O autor continua: "O encantamento do praticante *obeah* é geralmente um murmúrio de sons estranhos, freqüentemente sem sentido, e o proferir de uma ou mais palavras sobre os objetos a serem encantados, acompanhadas de algumas ações grotescas. Pode consistir apenas em palavras ou ações. Os versos a seguir, escritos por um poeta jamaicano, descrevem um praticante *obeah* em ação:

> 'Agachado em uma caverna eu te vi e a tua barba
> Branca contra o negro, ela brilhava; e tua mão macilenta
> Misturava peles de lagarto, rum, línguas de papagaio e areia
> Encontradas onde a lápide desapareceu.
> Vespas *galli* brilhantes olham para ti;
> Os urubus exigiram saber:
> 'Quem és tu?' Então, como vampiros em uma terra escura
> Fugiram, pois te viram em ação e temeram'.

"Compare essa descrição do praticante *obi* com aquela feita por Shakespeare, em Macbeth, sobre as bruxas fazendo um encantamento que atrai os espíritos e enganam Macbeth quanto a seu futuro; e verá que elas têm muito em comum".[119]

Como expliquei em *Voodos and Obeahs*,[120] durante os longos anos de escravidão o mialismo ficou adormecido. Não havia oportunidade para seu desenvolvimento ou expansão. Foi preservado secretamente e guardado com respeito como uma tradição do passado. Nas horas de folga permitidas aos escravos, eles preservaram, até certo ponto, os ritos mialistas, disfarçados como danças populares que eram permitidas pelos proprietários.

O nativo africano é essencialmente religioso à sua maneira, e quando as cerimônias formais foram proibidas, ele encontrou uma saída associando *obeah*, um elemento de veneração, se não a *accompong*, pelo menos a *sasabonsam* ou *obboney*. Se já não era mais possível venerar o Ser Supremo pelas divindades inferiores e espíritos ancestrais, o nativo africano podia, pelo menos, aplacar o deus do mal e professar sua influência com propósitos de vingança ou para coagir seu senhor a dar-lhe algo que desejasse. Vemos, então, que a *obeah* se transformou em uma forma de veneração ao diabo, no sentido cristão; e quando finalmente o mialismo se aliou a ela para derrubar o regime do homem branco, a *obeah* ganhou mais adeptos entre os escravos, uma vez que seu arquiinimigo mialismo passou a

---

118. Abraham J. Emerick, *Obeah e Duppyism: in Jamaica*, Woodstock, 1915, pp. 191 e seguintes.
119. idem;
120. *Voodos and Obeahs*, pp. 214 e seguintes.

reconhecer seu poder. Contudo, a aceitação pública não se deu por devoção, mas pelo medo, que o praticante *obeah* usava em proveito próprio.

Com a emancipação, o mialismo apressou-se na tentativa de reconquistar sua posição prevalecente original e declarou guerra à *obeah* à custa da paz da comunidade. Sua recém-descoberta independência levou a todos os tipos de excesso e, em alguns anos, o mialismo tornou-se um mal tão grande quanto a *obeah*. Sua antiga classe sacerdotal estava morta; durante uma geração nenhum sacerdote viera da África; e não houve oportunidade de estabelecer uma sucessão ou a passagem dos ritos de geração em geração pela prática. As tradições, e nada mais, podem ter sobrevivido, e é questionável se os novos líderes tinham legitimidade para reivindicar o exercício da função que assumiram. Desse modo, o declínio do mialismo como uma força religiosa era inevitável. E certamente teria sido totalmente eliminado se seu espírito e ritual tradicional não tivessem encontrado um novo alcance na alma gêmea da revivificação emocional que foi, durante algum tempo, encorajada pelos metodistas e ainda mais pela Congregação Batista Nativa. Mas essa recrudescência do mialismo encontrou seu ponto mais alto nos *bedwardites*, caracterizados pelo peculiar movimento dos quadris, que é claramente de origem africana, e que se revela não apenas nas danças, mas também nas procissões religiosas; e que confere um ritmo peculiar a todos os seus hinos.

Aqui o mialismo desaparece, e o próprio nome está desaparecendo exceto como algo misterioso que perdura em sua oposição ao praticante *obeah*, que cada vez mais assume a dupla função de mialista durante o dia e praticante *obeah* durante a noite, usando o título mialista para proteger-se da lei, enquanto realiza seu verdadeiro objetivo na vida. Como conseqüência, a *obeah* assume cada vez mais um aspecto religioso e é agora, merecidamente, considerada por muitos uma veneração ao diabo.

No *Chamber's Journal* de 11 de janeiro de 1902 foi publicado um artigo com o título: "*Obeah* nas Índias Ocidentais nos Dias de Hoje". O autor vivia na Jamaica há três anos quando escreveu o texto. Porém, devemos observar que o termo *obeah* usado no artigo inclui vodu e todas as outras formas de feitiçaria das Índias Ocidentais. A narrativa mostra a concordância do autor com a antiga teoria de que a prática tinha origem egípcia: "O nome é derivado de *obi*, aparentemente uma divindade do mal adorada na costa ocidental da África pelos antepassados dos atuais negros das Índias Ocidentais, antes que eles fossem enviados como escravos para as plantações. O Reverendo John Radcliffe, um notável erudito jamaicano, provou que a palavra *obi* significa cobra; e até hoje a cobra é usada como um símbolo dos ritos maléficos". [121]

O artigo continua: "O praticante *obeah* é geralmente uma figura sinistra, assustadora, decrépita, com freqüência doente e meio louca, mas

---

121. *Chamber's Journal*, vol. V., nº 215, p. 81;

que traz um brilho maligno nos olhos vermelhos, que não desmente sua suposta intimidade com o Criador do Mal". [122]

Quanto à prevalência das práticas *obeah*, o autor afirma: "Tomei conhecimento de que professores negros e mestiços difundem esses ridículos absurdos nas escolas com o propósito de compelir o inspetor do governo a expedir relatórios favoráveis a eles; e alguns missionários me disseram que membros expulsos da Igreja devido aos maus hábitos, geralmente praticam *obeah* para serem readmitidos na comunidade. Quando o ministro assume o púlpito e abre a Bíblia para proclamar a Palavra, e encontra um curioso sortimento de unhas de gato, penas, folhas secas e cascas de ovo, ele não fica nem um pouco intrigado quanto ao significado de tudo isso. Ele sabe que esses elementos representam o desejo de Hezekiah da Costa de ser readmitido como membro da Igreja sem ter de abandonar sua 'carreira' de Don Juan local". [123]

Receio que essa última passagem seja um tanto fantasiosa. Se tais manifestações realmente ocorreram em lugares isolados e distantes, elas são tão incomuns que não deveriam ser citadas como acontecimentos usuais. Com certeza, mesmo nos locais mais afastados da "mata" eu jamais encontrei coisa alguma que desse suporte à história do método usado por Hezekiah da Costa para reconquistar seu lugar entre os membros da Igreja.

De qualquer modo, a passagem a seguir, retirada do mesmo artigo, merece mais atenção no que se refere a nosso estudo: "Em muitos países, ritos supersticiosos são praticados para trazer boa sorte; mas esse não é o caso da *obeah*. Sua idéia primordial é a adoração e propiciação do maligno: ela é essencialmente malévola. Um negro geralmente se utiliza da *obeah* para prejudicar seu vizinho e não para fazer um bem a si mesmo; e é por isso que a lei considera a questão com tanta seriedade. A principal exceção a essa regra está nos casos freqüentes em que jovens negras recorrem à prática para conseguir um casamento com um 'cavalheiro rico'. O praticante *obeah* é chamado com freqüência para exorcizar 'espíritos brincalhões' enviados a uma pessoa por um irmão de prática. No passado isso costumava ser função exclusiva do praticante mialista. Era a antiga história da magia 'negra' e da magia 'branca'. Um mago praticava o mal, e o outro dava o antídoto. Hoje em dia o mialismo está totalmente fundido ao obeísmo, e a lei pune as duas práticas igualmente". [124]

Calude McKay, um nativo de Claredon, que se tornou um dos autores mais populares de ficção no Harlem, concorda de modo geral com tudo o que foi dito até agora. Ele escreve: "*Obeah* é o deus do mal dos negros". [125] E acrescenta: "das milhares de famílias nativas, alfabetizadas ou não, daquela maravilhosa e quente ilha havia poucas, na verdade, que não venera-

---
122. idem, p. 81;
123. idem, p. 82.
124. idem, p. 84;
125. Claude McKay, *Banana Bottom*, Nova York, 1933, p. 132;

vam e faziam ofertas a *Obi* — o deus do mal que os africanos trouxeram com eles quando foram vendidos ao Novo Mundo".[126]

May Robinson, escrevendo em *Folk-Lore*, abordou o tema em *Obeah Worship in West Indies*, afirmou em 1893: "O mistério com o qual aqueles que professam a *obeah* sempre se cercaram e o medo que os negros sempre demonstraram, e ainda demonstram, dos seus praticantes tornaram muito difícil encontrar qualquer informação sobre o culto ou superstição".[127] No entanto, ela observa: "As práticas *obeah* do presente são semelhantes àquelas de cem anos atrás, e as informações sobre elas foram gentilmente fornecidas a mim pelo Sr. Thomas, inspetor distrital na Jamaica. Além da lei de 1760, outra lei visando à supressão da *obeah* foi aprovada em 1845; ela deu às autoridades executivas um grande poder para agir contra os praticantes *obeah* e aqueles que buscavam seus serviços".[128]

O atual *status* legal da *obeah* pode ser resumido da seguinte maneira: as Regras e Regulamentações para a Polícia Distrital na Jamaica, de 1867, simplesmente inserem "qualquer pessoa que supostamente lide com *obeah* ou mialismo" entre os indivíduos que o inspetor distrital deve prender.[129]

O *Guia para os Suboficiais na Jamaica*, publicado em 1908, é mais específico quando define os instrumentos usados na prática *obeah*: "Terra de tumbas, pedaços de giz, baralhos, pequenos espelhos ou pedaços de espelhos grandes, bicos, patas, ossos de aves, dentes de cachorro ou de jacaré, bolinhas de vidro, cabelo humano, enxofre, cânfora, mirra, incenso, conchas, bonecos de porcelana, imagens de madeira, pedaços de madeira esculpidos em estranhas formas, e outras descrições de lixo".[130] Porém, a mera posse da parafernália *obeah* não é mais um fundamento suficiente para gerar processo. Isso foi proferido em uma decisão da Suprema Corte da Jamaica: "Posse ilegal de instrumentos de *obeah*. Trata-se de uma apelação interposta contra a sentença de Magistrado Residente que condenou o apelante devido à posse ilegal de instrumentos *obeah*. De acordo com a Seção 8 da Lei nº 5 de 1898, uma pessoa que esteja na posse de tais instrumentos é considerada praticante *obeah* até prova em contrário; mas a posse em si não é realmente um crime e só pode ser usada como evidência para apoiar uma acusação de prática de *obeah*. Nas circunstâncias presentes, a apelação deve ser considerada procedente e a condenação anulada. (R. V. Bulgin [1919], S. C. J. B. vol. 10, p. 86, A. M. Coll , C. J. Beard, p. J. e Brown, Ag. J.)".[131]

---

126. idem, p. 134;
127. *Folk- Lore, A Quarterly Review of Myth, Tradition, Institution and Custom*, Londres, vol. IV, pp. 207 e seguintes.
128. idem, p. 210;
129. *Rules and Regulations for the Jamaica Constabulary Force*, Spanish Town, 1867, p. 26;
130. Harry McCrea, *The Sub-Officers'Guide*, Kingston, 1908, p. 83;
131. J.E.R. Stephens, *Supreme Court Decisions of Jamaica and Privy Council Decisions, de 1774-1923*, Londres, 1924, p. 1538.

No final do século passado, o Reverendo Banbury proferiu a seguinte opinião: "As leis referentes à punição dessa superstição (*obeah*) na Jamaica são muito brandas; caso contrário ela não seria tão predominante. As Cortes de Justiça riem dessa prática e a consideram apenas um absurdo".[132]

Mas um ponto de vista muito diferente é apresentado por um correspondente do jornal *Daily Gleaner of Kingston*, da Jamaica. A carta é datada de 15 de janeiro de 1934:
"Proposta para revogação da Lei sobre *Obeah*
"O editor:
"Senhor: Chegou a hora em que a Legislatura deve eliminar a Lei sobre *Obeah* de nosso Estatuto. A Jamaica passou por esse estágio há muito tempo. A referência constante nos jornais a essa e àquela prisão por prática *obeah* reflete na nossa civilização atual e prejudica o país.

"Concordo que esse culto africano foi trazido da Costa Ocidental por alguns pobres escravos, mas por falta de novos praticantes, ele se extinguiu, como aconteceu com algumas doenças, há décadas.

"Também admito que existem alguns venenos utilizados pelos supostos 'praticantes *obeah*', mas quando esses malfeitores são presos eles devem ser acusados de atos graves; e merecem ser açoitados e condenados. A maioria dos indivíduos acusados dessa prática por nossos tribunais está meramente recebendo pagamento por uma mentira ou truque e, do mesmo modo, merecem ser açoitados.

Discuti o assunto com meu amigo o Honorável A. G. Nash uma semana antes de sua morte. Ele concordou comigo e pretendia, para proteger o bom nome da Jamaica, levar a questão perante o Conselho Legislativo.

Eu sou, etc.

Um jamaicano."

Em 26 de fevereiro de 1934 o *Daily Gleaner*, sob o título "*Obeah* e vodu. Ainda praticados nas Índias Ocidentais, afirma o juiz Bullock", apresentou um artigo retirado do *Brighton Herald* de 5 de fevereiro de 1934, que traz a seguinte conclusão: "O conferencista complementou os detalhes pictóricos e geográficos das Índias Ocidentais britânicas com algumas histórias fascinantes sobre o culto *obeah*, que com a prática de vodu, ainda é secretamente praticado entre as comunidades nativas." O conferencista era o juiz Willoughby Bullock, ex-Chefe de Justiça de St. Vincent, Índias Ocidentais britânicas.

Sem dúvida, a prática atual da *obeah*, particularmente encontrada nas cidades e municípios, inclui uma grande dose de charlatanismo, principalmente nas sessões espíritas em todas as grandes comunidades americanas, associada a superstições trazidas pelo homem branco. Até mesmo os livros modernos, que supostamente tratam dos mistérios da magia, são avidamente assimilados e suas fórmulas tentadas na prática. Mas minhas ob-

---
132. Banbury, l.c, p. 9.

servações pessoais, acumuladas por aproximadamente seis anos, levaram-me à conclusão de que o praticante *obeah*, de modo geral, vê a si mesmo com muita seriedade e honestamente acredita que pode e exerce poderes sobrenaturais, e certamente a grande maioria da população, embora proteste em contrário, tem verdadeiro pavor da influência abominável do praticante *obeah*, cuja inimizade deve ser evitada a todo custo.

Estou convencido de que testemunhei mais de uma morte em que a única causa foi um terror dominante devido à convicção de que um feitiço *obeah* fora lançado contra a vítima.

Além disso, acredito firmemente que, assim como no tempo da escravidão a *obeah* era considerada uma superstição tola, sem maiores consequências, com a qual as autoridades eram tolerantes, também hoje em dia existe uma tendência na Jamaica a fechar os olhos à verdadeira influência nefasta do culto sobre toda a população negra da ilha, e a considerar essa prática de magia negra apenas um excesso de superstição e nada mais. A ameaça real não vem das práticas públicas quixotescas, professadas por um tipo de magia compassiva empregada para controlar espíritos, promover relações amorosas, ou ajudar em disputas legais e transações comerciais; mas da convicção subjacente da potência de uma força espiritual que não é nada mais, nada menos, que uma suposição de que se ela for invocada apropriadamente, Sua Majestade satânica exercerá um poder eficaz na vida diária de uma pessoa. Certamente, se conseguirmos persuadir qualquer pessoa que procurou os serviços de um praticante *obeah* por questões amorosas a revelar o que realmente aconteceu durante o repugnante processo e os encantamentos que o acompanharam, as últimas dúvidas sobre a associação diabólica dessa prática desaparecerão por completo. A *obeah*, em seus propósitos e aceitação, deve ser considerada uma forma de adoração do diabo.[133]

Isso, no entanto, não significa que uma influência diabólica seja realmente controlada pelo praticante *obeah*. No curso natural das coisas, tal suposição, eu acredito, seria repugnante à Divina Providência, embora possa ser permitida em raras ocasiões. Mas o verdadeiro praticante *obeah*, até onde vai o seu poder, coloca sua confiança no maligno, já que formalmente invoca sua assistência; e tal intenção, senão o resultado dela, classifica seu ato como comunicação com o diabo. Também o cliente procura o praticante *obeah* com a firme convicção que o mal que ele busca será realizado por Satã e então, imediatamente, se sujeita ao arquidemônio, ainda que aquilo que ele procura não seja alcançado.

---

133. Segundo a Dra. Beckwith: "Seja qual for o meio natural pelo qual o praticante *obeah* atinge seus objetivos, não há dúvida quanto à fé dos negros no poder espiritual dele... Um dos argumentos mais fortes contra a honestidade do praticante *obeah* é o fato de que ele realmente instiga uma pessoa a cometer um crime, alegando que essa é a condição imposta pelo espírito para a realização do encantamento *obeah*". (l.c., p. 140).

Como vimos em *Voodoos and Obeahs*,[134] praticante *obeah* tem um grande temor dos padres e geralmente tenta evitar a presença deles. Existe a convicção entre seu grupo que o padre pode exercer uma influência mais forte que a *obeah*. Essa crença é expressa no aforismo: *"Obi* francês, mais forte". O primeiro padre a tornar-se conhecido na "mata" era francês, e a Igreja Católica, conseqüentemente, passou a ser conhecida como a Igreja Francesa. Portanto, *"obi* francês, mais forte" realmente significa que a Igreja Católica exerce a *obeah* mais forte. Também é aceito como um fato pelos devotos do culto à *obeah* que o padre pode demonstrar seu poder dominante "acendendo uma vela sobre eles". Esse processo é assim descrito: "Padre pega alfinete e pega vela, e ele espeta a vela com alfinete; e ele acende a vela em você. Vela queima, queima, queima. E você enfraquece, enfraquece, enfraquece. E quando a chama toca o alfinete, você morre". De modo que é apenas necessário que o padre diga a algum negro na "mata" "acho que terei de acender uma vela *em você"* para que o indivíduo caia de joelhos e implore: "Ó padre, não!" Certa vez, um conhecido praticante *obeah* procurou-me expressando seu desejo de tornar-se católico exatamente com o objetivo de adquirir esse fantasioso poder da vela acesa.

---

134. *Voodoos and Obeahs*, p. 218.

Capítulo 3

Magia Aplicada

Embora a *obeah* seja claramente definida quanto à sua origem na feitiçaria ashanti e seu desenvolvimento entre os escravos jamaicanos, com o passar do tempo ela se mesclou tanto ao vodu e a outras práticas supersticiosas que atualmente a palavra é usada genericamente para qualquer tipo de feitiçaria das Índias Ocidentais e, por extensão, inclui até mesmo "um fetiche ou objeto mágico utilizado em feitiçaria".[135]

Como conseqüência, é difícil para o leitor comum diferenciar claramente a real e a pseudo-*obeah*, a não ser que ele tenha em mente os princípios fundamentais que foram estabelecidos no capítulo anterior e que podem ser assim resumidos:

Obeah, como continuação da feitiçaria ashanti, é professadamente uma projeção de poder espiritual que tem o objetivo de prejudicar uma pessoa. Na prática, o intento é alcançado pelo medo e suplementado, se for necessário, com envenenamento secreto. O agente é servo de *sasabonsam*, ou diabo, que é invocado para produzir o efeito desejado. Conseqüentemente, a verdadeira *obeah* deve ser considerada uma forma de adoração ao diabo.

No dia-a-dia, muitas práticas referidas como *obeah* são, na verdade, apenas magia aplicada que pode ser chamada de pseudo-*obeah*; e é sobre ela que vamos falar agora.

Em minhas pesquisas no Museu Britânico, encontrei um panfleto de trinta páginas intitulado *The Monchy Murder. The Strangling and Mutilation of a Boy for Purposes of Obeah*. É uma história sórdida. O rapaz, Rupert Mapp, com doze anos, fora atraído para fora de Bridgetown, Barbados, por Monteul Edmond, e levado para Santa Lucia. Um dia depois de sua chegada à cidade de Monchy, o garoto desapareceu. Uma semana depois, quando o corpo foi desenterrado, verificou-se que as duas mãos e o coração haviam sido removidos. Essas partes do corpo foram encontradas com um cúmplice de Edmond, que foi imediatamente preso e acusado de cometer um crime.[136]

---
135. *The Universal Dictionary of the English Language*. Publicado por Henry Cecil Wyld, Londres, 1932, p. 787.
136. British Museum Library, 6005. k.5.

Ao revistar o prisioneiro, a polícia encontrou um caderno no qual estava escrito em francês um número de fórmula e instruções relacionadas a práticas de magia. Uma delas, chamada de *La Main de Gloire*, prescrevia: "Retire a mão de alguém que foi enforcado ou estrangulado; seque-a ao sol nos dias do cão (agosto, setembro, outubro), ou se o sol não estiver forte o suficiente para secá-la completa e rapidamente, use o forno. Quando estiver totalmente seca, pulverize a mão com sal e outros ingredientes (que estão descritos) e envolva-a em um pedaço de mortalha. Então faça uma vela de cera virgem, unte-a com vários óleos e gorduras fantásticos. Prenda a vela entre os dedos da mão seca. A luz da vela paralisará completamente as faculdades mentais e físicas de qualquer pessoa que estiver sob sua influência".

Inquestionavelmente, era o objetivo de Edmond aplicar essa fórmula para ajudá-lo a entrar em qualquer casa com a finalidade de praticar roubo impunemente, pois a vítima estaria totalmente incapacitada de reagir e até mesmo de se lembrar, mais tarde, do rosto da pessoa que cometera o crime. Contudo, é um sério erro associar tais práticas à *obeah* no sentido verdadeiro da palavra.

Durante o julgamento de Edmond, em Santa Lucia, descobriu-se que a fórmula encontrada com ele fora "copiada de uma obra intitulada *Petit Albert*, referindo-se também ao nome do suposto autor — um ocultista que vivera na Idade Média".[137] Edmond passara muitos anos no Haiti, onde estudara formalmente magia negra e conseguira ter acesso ao livro do qual copiara fórmulas para encantamentos, etc.

O volume atribuído a Petit Albert, escrito originariamente em latim, foi por algum tempo considerado uma obra póstuma, completa ou não, de Albertus Magnus.[138] Entretanto, a prova definitiva de que essa suposição não era verdadeira se deu com a publicação da verdadeira obra em Paris, em 1885, sob o título *Les Secrets Admirabels du Grand Albert comprenant son Traité des Herbes des Pierres et de Animaux avec son Traité des Merveilles du Monde suivi du Trésor des Merveileus Secrets du Petit Albert avec Préface et Annotations par Marius Decrespe*.

Descrepe afirma: "Parece provável que *Grand Albert* e *Petit Albert* sejam obras de vários indivíduos cujas descobertas foram reunidas independentemente de ordem, por algum bibliotecário pouco instruído e inescrupuloso, que produziu essas coleções desordenadas em Lion, no final do século XVI.[139] Na verdade, existe uma tradição, muito útil na prática, de que quando uma pessoa se dedica ao estudo do Ocultismo, assim como aquele que se dedica à Química, ela mantém um Registro de Laboratório, no qual relata todos os experimentos e seus resultados".[140]

---

137. idem, p. vii/
138. Comparar com Jacques-Charles Brunet, *Manual du Libraire et de l'Amateur de Livres*, Paris, 1860, vol.I, col. 139, Albertus Magnus;
139. Marius Decrespe, *Les Secrets Admirables du Grand Albert*, Paris, 1885, Prefácio, p. vi;
140. idem, Prefácio, p. vii.

Essa suposição é reforçada pelo fato de que *La Main de Gloire* não aparece na edição de *Petit Albert* que tenho diante de mim agora e que foi publicada em Lion em 1688. Evidentemente, a fórmula foi acrescentada à coleção após essa data.

Conseqüentemente, tais aberrações, como o assassinato em Monchy, não devem ser atribuídas à prática de *obeah* nem de nenhuma outra forma de feitiçaria negra. O fato não passou de um assassinato a sangue frio, instigado por superstições medievais que foram absorvidas pelo vodu haitiano, mas que não tiveram origem entre a população negra e sim foram trazidas pelo homem branco.

Outro erro comum é classificar como *obeah* o uso de encantamentos para proteção simplesmente porque são o produto da atividade do praticante *obeah* quando ele está, na verdade, operando como praticante mialista. Vimos que no caso das rebeliões de escravos erroneamente se pensava que os instigadores eram os praticantes *obeah*, quando na verdade foram os mialistas que provocaram os problemas, estabeleceram o terrível voto de silêncio e distribuíram pós que supostamente tornavam os rebeldes invulneráveis às armas do homem branco. Também se tornou hábito considerar *obeah* muitas das práticas que são, na realidade, mialistas, como no caso dos amuletos concedidos a indivíduos para que eles pudessem ficar acima da lei ou desafiar os inimigos com encantamentos.

Temos o exemplo do famoso fora-da-lei conhecido como Jack Três Dedos devido ao fato de ter perdido dois dedos em uma briga contra um *maroon*. Os crimes que ele cometeu, após a debandada do pequeno grupo de escravos fugitivos que se ligaram a Jack no início de sua carreira, foram na verdade praticados somente por ele. Além disso, suas operações cobriam uma área tão vasta que deixavam a impressão de que o criminoso liderava uma quadrilha muito grande e bem organizada, e o nome de Jack se tornou sinônimo de terror em todos os distritos do país, especialmente porque as pessoas acreditavam que a força dele vinha das maquinações de um poderoso praticante *obeah* que lhe dera um repulsivo amuleto que descreveremos mais adiante. Como esse incidente é absolutamente único na história da Jamaica, é importante que relatemos os detalhes.

Encontramos o seguinte artigo de jornal, datado de 5 de agosto de 1780: "Um bando de negros fugitivos, formado por aproximadamente quarenta homens e dezoito mulheres e que se estabeleceu nas proximidades de Four Mile Wood em St. David's, tornou-se uma ameaça à vizinhança, principalmente a mulatos e negros, chegando a assassinar um mulato que pertencia ao Sr. Duncan Munro de Montrose e a roubar uma grande quantidade de linho de seus escravos que foram atacados na estrada. O bando também já assaltou muitos servos de outras pessoas e roubou gado, ovelhas, cabras, porcos, galinhas, etc., particularmente uma grande criação de porcos do Sr. Rial, de Tamarind Tree Penn. Seus membros, em sua maioria congos, declaram que matarão qualquer mulato e negro que puderem pegar. Bristol, conhecido como Jack Três Dedos, é o capitão do grupo; e César, que pertence à propriedade Rozel, é o primeiro oficial. Esses criminosos podem, em breve, tornar-se um perigo para o público em geral, se não houver a intervenção de um grupo que atue em conformidade com os 40º e 66º Atos do volume I das Leis da Ilha".[141]

Em 2 de dezembro de 1780, o seguinte artigo foi publicado: "Jack Três Dedos continua seus ataques em St. David's. Na semana passada ele interceptou e seqüestrou três negros que levavam uma carga para a cidade. Um grupo liderado por um mulato que pertence ao Dr. Allen perseguiu o malfeitor e resgatou os negros que lhe informaram onde Jack Três Dedos estava. Mas quando tentaram capturá-lo, Jack atirou na cabeça do mulato e fugiu".[142]

Três semanas depois, o jornal trouxe esta notícia: "Recebemos a informação de que a mulher de Jack Três Dedos foi levada para a prisão em St. David's, e que ela e outros negros capturados serão tratados de acordo com o que a lei determina".[143]

Quinze dias depois, a Proclamação abaixo foi divulgada:[144]

"Pelo Rei.

Proclamação.

Considerando a informação que recebemos de nossa Casa da Assembléia de nossa Ilha da Jamaica, segundo a qual uma perigosa quadrilha de escravos negros, chefiada por um homem conhecido como Jack Três Dedos, vem praticando uma série de roubos e seqüestrando muitos negros e outros escravos nas estradas Windward, inclusive já tendo cometido vários assassinatos, e que diversos grupos foram enviados para a captura de Jack Três Dedos e seu bando, sem, no entanto, conseguir prendê-lo ou evitar seus ataques. E, considerando que nossa Casa da Assembléia editou uma Proclamação, oferecendo uma recompensa pela captura do acima citado criminoso, e também uma recompensa extra pela captura de todo e qualquer escravo negro que pertença ao bando, consideramos a questão e fazemos a nossa Proclamação Real, conclamando e ordenando a todo e qualquer súdito residente em nossa ilha acima mencionada a perseguir e capturar todos os escravos negros que façam parte da quadrilha, e a entregá-los aos carcereiros da Ilha. Atendendo à solicitação de nossa Casa da Assembléia, oferecemos uma recompensa de cem libras, a ser paga à pessoa ou às pessoas que capturem e levem às autoridades o corpo do negro chamado Jack Três Dedos. E atendendo à solicitação de nossa Casa da Assembléia, oferecemos uma recompensa de cinco libras acima do que é permitido por lei, pela captura de todo e qualquer escravo negro que faça parte da quadrilha e sua

---

141. *The Jamaica Mercury and Kingston Advertiser*, Kingston, Jamaica, vol. II, p. 458;
142. idem, vol. II, p. 698;
143. idem, vol. II, p. 747;
144. *The Royal Gazette*, Kingston, Jamaica, vol. III, nº 89, p.13.

entrega aos carcereiros da Ilha, para serem tratados de acordo com o que a lei ordena". Seguem as costumeiras assinaturas e atestações.

Uma recompensa adicional foi oferecida posteriormente pela Assembléia:

"Casa da Assembléia, 29 de dezembro de 1780.

Veredito: sobre e além da recompensa de cem libras oferecidas pela Proclamação de Sua Majestade para aquele que capturasse ou matasse o negro rebelde chamado Jack Três Dedos, ademais a recompensa de liberdade deverá ser dada a qualquer escravo que deverá capturar ou matar o chamado Jack Três Dedos; e que a Casa negociará o valor desse escravo com o devido proprietário. E se qualquer de seus cúmplices matar o chamado Jack Três Dedos e trouxer sua cabeça e a mão sem os dedos, este cúmplice será entitulado com um Livre Perdão e sua liberdade como acima, sob devida prova senda feita por eles, sendo a cabeça e a mão do chamado Jack Três Dedos." Isto foi assinado em nome da Casa por Samuel Howell, funcionário da Assembléia.

Dentro de um mês, na data de 3 de fevereiro de 1781, a seguinte declaração foi publicada: "Temos o prazer de informar ao público sobre a morte do famigerado Jack Três Dedos. Um negro *maroon*, chamado John Reeder, e mais seis pessoas pegaram de surpresa no último sábado, próximo ao topo do Monte Libanus — o criminoso estava sozinho e armado com dois mosquetes e um alfanje. O grupo atacou tão repentinamente que ele só teve tempo de sacar o alfanje, com o qual tentou se defender desesperadamente, recusando-se a entregar-se, até que, após ser atingido por três balas, atirou-se em um precipício. Reeder chegou até o corpo e cortou a cabeça e o braço, que foram trazidos a esta cidade na última quinta-feira. Reeder e outro *maroon* foram feridos durante a luta. A coragem de Reeder, em particular, e o comportamento de seus companheiros, em geral dão-lhes o direito à recompensa oferecida".[145]

Como resultado do incidente, a *Royal Gazette* de 9 de junho de 1792 publicou a notícia de que um negro chamado Dagger, um antigo companheiro de Jack Três Dedos que estava sendo julgado por seus muitos crimes, "tem tanta confiança em uma força sobrenatural que apenas desafia qualquer esforço da justiça no sentido de puni-lo, como também faz severas ameaças de vingança". E novamente na *Royal Gazette* de 7 de julho de 1792 lemos: "Após o julgamento de Dagger, dois outros negros que se dedicavam à prática de *obeah* a um tempo considerável foram também condenados à deportação."

Em relação a Jack Três Dedos, o relato mais autêntico que chegou até nós foi apresentado pelo Dr. Benjamim Moseley, que residiu na Jamaica quando fazia suas investigações. Fixando a data de morte de Jack Três Dedos em 27 de janeiro de 1781, o Dr. Moseley conta-nos: "Eu vi o fetiche

---
145. idem, vol. III, nº 93, p. 79.

obi do famoso ladrão negro Jack Três Dedos, o terror da Jamaica em 1780. Os *maroons* que o mataram trouxeram-me o objeto. Ele consistia em uma ponta de chifre de cabra, cheia de uma mistura de terra retirada de tumbas, sangue de gado preto e gordura humana, formando uma pasta. Também entre seus instrumentos de magia estavam uma pata de gato, um sapo ressecado, um rabo de porco, um pedaço de pele de cabrito, com letras escritas em sangue sobre ele. Isso e um sabre afiado e duas armas formavam seu *obi*, acrescido da coragem em descer até as planícies e roubar as coisas de que necessitava e da habilidade em se esconder novamente nas montanhas, onde ninguém ousava segui-lo. Ele apavorou os habitantes e desafiou a autoridade civil e a milícia local por aproximadamente dois anos.

Jack não tinha cúmplices ou parceiros. Havia alguns negros fugitivos na floresta perto de Monte Libanus, seu esconderijo; mas fizera um sinal de cruz em suas testas, usando alguma magia do chifre que carregava, e eles não podiam traí-lo. Porém, o criminoso não confiava em ninguém. Desprezava ajuda. Ficou acima de Spartacus. Praticava seus crimes sozinho; travou suas batalhas sozinho; e sempre matava seus perseguidores.

Devido à sua magia, ele não era apenas o terror dos negros, mas havia muitos homens brancos que acreditavam no fato de Jack possuir poderes sobrenaturais...

Mas mesmo o próprio Jack nasceu para morrer. Atraídos pela recompensa oferecida pelo governador Dalling, em proclamações datadas de 12 de dezembro de 1780 e 13 de janeiro de 1781; e por uma resolução da Casa da Assembléia, que se seguiu à primeira proclamação; dois negros, chamados Quashee e Sam (Sam era o filho do Capitão Davy, que atirou em um certo Sr. Thompson, mestre de um navio londrino, em Old Harbour), ambos de Scot's Hall Maroon Town, com um grupo de pessoas da mesma cidade, saíram à captura do malfeitor. Antes de partirem, Quashee foi batizado e mudou seu nome para James Reeder.

A expedição começou e todo o grupo se arrastou pela floresta por três semanas, obstruindo, quando necessário, os mais inacessíveis lugares da ilha, onde Jack vivia — mas tudo em vão.

Reeder e Sam, cansados desse tipo de luta, resolveram procurar o esconderijo do malfeitor e pegá-lo de surpresa ou morrer tentando. Levaram consigo um garoto, uma bebida apropriada e uma boa arma, deixando o resto com o grupo. Os três não haviam se afastado muito do grupo quando descobriram, por marcas deixadas na vegetação, que alguém passara por lá há não muito tempo. Silenciosamente, eles seguiram essas marcas. Logo descobriram fumaça. Prepararam-se para a batalha. Atacaram Jack antes que ele pudesse notar suas presenças. Ele estava assando tanchagem em uma pequena fogueira perto da entrada de uma caverna.

Assim foi a cena: o olhar de Jack era feroz e terrível. Disse a seus perseguidores que os mataria. Reeder, em vez de atirar em Jack, respondeu que o *obi* que o bandido carregava não tinha poder de feri-lo, pois ele (Reeder) fora batizado, e seu nome não era mais Quashee. Jack conhecia Reeder e, como se estivesse paralisado, deixou as duas armas no solo, pegando apenas o alfanje.

Os dois travaram uma forte luta alguns anos antes, na qual Jack perdeu os dois dedos — fato que deu origem a seu apelido — mas à época Jack derrotou Reeder e quase o matou; e os acompanhantes de Reeder fugiram de Jack.

Para sermos justos com Jack Três Dedos, ele poderia ter matado Reeder e Sam, pois, a princípio, os dois estavam amedrontados com a presença dele e o terrível tom de sua voz, e tinham motivos para isso: não havia onde se esconder e estavam para entrar em combate contra o homem mais forte e corajoso do mundo. Mas Jack ficou temeroso, pois ele havia profetizado que um *obi* branco o derrotaria; e por experiência própria, sabia que o encantamento não perderia a força nas mãos de Reeder.

Antes que qualquer outra palavra fosse dita, Jack, com o alfanje nas mãos, atirou-se em um precipício atrás da caverna. Reeder atirou, mas não conseguiu atingi-lo. Sam feriu-o no ombro. Reeder, como um buldogue inglês, não olhou, mas, com seu alfanje nas mãos, atirou-se pelo precipício atrás de Jack. Era uma descida quase perpendicular com aproximadamente trinta metros. Nenhum dos dois perdeu seu respectivo alfanje na queda.

O palco estava armado — no qual dois grandes atores travaram sua luta sangrenta. O garoto, que recebera ordens de se manter afastado para não se ferir, chegou à borda do precipício e, enquanto a luta transcorria, atirou e feriu Jack na barriga. Sam foi astuto e desceu pelo outro lado para se juntar à luta. Jack e Reeder engalfinhavam-se e já haviam caído em outro precipício, do outro lado da montanha, onde ambos perderam as armas. Sam desceu atrás deles e, mesmo sem armas, a luta foi ferrenha; para sorte de Reeder, os ferimentos de Jack eram profundos e desesperadores, e ele se encontrava em agonia. Sam chegou no momento exato para salvar Reeder, pois Jack agarrara-o pela garganta e o sufocava num forte aperto. A mão direita de Reeder quase fora cortada, e Jack sangrava pelo ombro e pela barriga; ambos estavam cobertos de cortes e escoriações. Sam agiu como árbitro e decidiu o destino da luta. Acertou a cabeça de Jack com uma pedra.

Quando o leão caiu, os dois tigres avançaram sobre ele e atingiram sua cabeça com pedras. O garoto logo se juntou a eles. Trazia um alfanje que foi usado para cortar a cabeça e a mão com três dedos de Jack. Os três levaram seus troféus em triunfo para Morant Bay. Lá, colocaram as partes do corpo em um balde de rum e, seguidos por um grande cortejo de negros que, não mais temerosos do *obi* de Jack, tocavam seus instrumentos e disparavam suas armas, levando a cabeça e a mão do criminoso até

Kingston e Spanish Town; e reivindicaram as recompensas oferecidas pela Proclamação do Rei e pela Casa da Assembléia.[146]

William Burdett, contemporâneo de Moseley, descreveu o praticante *obeah* que deu o repugnante amuleto a Jack Três Dedos, a quem ele chama de Manson em sua narrativa: "Amalkir, o praticante *obeah*, morava em uma caverna detestável, muito distante dos olhos inquiridores dos homens brancos, em *Blue Mountains*. Ele era velho e paralítico; uma doença havia contraído todos os seus nervos, e ele mal podia rastejar. A caverna era a moradia, ou o esconderijo, de ladrões; o feiticeiro encorajava-os a praticar seus atos desonestos e lhes dava *obi*, para que eles pudessem enfrentar qualquer perigo sem medo. Supostamente, esse *obi* os tornava invulneráveis aos ataques do homem branco, e os malfeitores acreditavam no seu poder.[147] Como podemos imaginar, ele assumia as funções de praticante mialista e *obeah*.

Uma narrativa menos confiável é intitulada "A Vida e as Aventuras Maravilhosas de Jack Três Dedos, o Terror da Jamaica!" "Um relato de sua coragem perseverante e galante heroísmo, ao se vingar em nome de seus pais desonrados, com um relato da luta desesperada que travou com Quashee, que após muitas tentativas finalmente o derrotou e levou sua cabeça e mão para a Jamaica, (*sic*) recebendo uma vultosa recompensa por destruí-lo". Esse livreto, publicado em Londres, em 1829, é uma melodramática ficção sem nenhum valor histórico. Seu objetivo é exacerbar um sentimentalismo mórbido pelo escravo. Em alguns aspectos é uma obra precursora da *Cabana do Pai Tomás*, mas sem o mérito literário desta. Trata-se de um trabalho escrito por alguém que sabe muito pouco, ou nada, sobre a Jamaica. Na página 7, Jack é apresentado como filho de Makro e Amiri, "um belo escravo, propriedade do Sr. Moreton, de Maroons Town". Na verdade, Maroons Town era reservada para os *maroons* e nenhum homem branco poderia ter estabelecido uma plantação com escravos lá. Também não existem savanas ao redor de Maroons Town, como fora descrito na página 17. Na página 18, o autor afirma que a plantação ficava a uma noite de viagem da caverna de Bashra, no Monte Libanus. Bashra era a praticante *obeah* que teria pendurado o chifre *obi* no pescoço de Jack, colocando-o assim no caminho da vingança. Na página 25, lemos: "Quashee, um valente negro de Scot's Hall, Maroon Town, devido à promessa de liberdade que lhe era tão preciosa, decidiu formar um grupo para prender Jack"; mas sendo um *maroon*, Quashee já era livre. Finalmente, na página 26, quando o autor relata que Amri estava para ser queimada na estaca, "um padre, por misericórdia cristã, pediu a salvação de sua alma", apesar do fato de que na data do suposto incidente não havia padres na Jamaica; a não ser que o autor se

---

146. Benjamin Moseley, *A Treatise on Sugar*, Londres, 1:800, pp. 197 e seguintes.
147. William Burdett, *Life and Exploits of Mansong*, Sommers Town, 1800, p. 17.

refira aos párocos anglicanos, mas eles nunca foram referidos como "padres".

Fantasias desse tipo aparecem, de vez em quando, misturadas a descrições históricas de *obeah* na Jamaica.

No *Jamaica Institute of Kingston* existe um "Livro de Memórias", que contém muitos itens interessantes sem, no entanto, revelar a origem deles. Na página 10, encontramos alguns escritos que foram usados como evidência pelo Hon. D. G. Gideon no Conselho Legislativo durante a discussão sobre o projeto de lei referente à *Obeah* (*Obeah Bill*), em 17 de março de 1898. Temos, entre eles, a confissão de um praticante *obeah* chamado Daniel Hart, um nativo de Long Distric, Portland, que aparentemente estava morrendo devido à maldição de outro praticante *obeah* mais forte do que ele. Hart reconhece que em sua própria prática de *obeah* ele cobra preços variados, desde alguns *shillings* até seis libras por um "trabalho". Seus esforços foram dirigidos a todos os tipos de finalidade — principalmente matar pessoas, levá-las à insanidade, executar vingança para amantes traídos, melhorar as vendas no mercado, etc.

Na confissão, ele freqüentemente usa expressões como: "eu represento o inferno"; "eu represento o fogo". Hart declara que com freqüência enviava urubus como ministros de seu poder do mal, mas que os principais instrumentos eram potes e frascos *obeah* que ele plantava onde sua influência fosse necessária. O feiticeiro ordenou a outros homens que matassem por ele. Enviava espíritos para tomar o corpo e a mente das pessoas, levando-as à loucura. Ele confessa abertamente a imoralidade vulgar de seus atos.

Na página 55 do "Livro de Memórias" do *Jamaica Institute Scrap Book*, há três textos impressos. O primeiro descreve a morte e confissão de uma famosa praticante *obeah*, conhecida como "Velha Mãe Austin". Ela morreu em 25 de junho de 1892, após residir e praticar sua arte em Llandewey, em St. David's. Ela se autodenominava "fúria do fogo" e fez a terrível declaração de que matou 26 bebês, 7 mulheres e 13 homens no distrito. A feiticeira afirma orgulhosamente: "Para onde eu enviar a morte, ela irá". Usando um "cálice da paz e uma colher", a praticante *obeah* afirma ter derrubado todos os dedos das mãos e dos pés de uma mulher que lhe roubara. Provavelmente, ela transmitiu lepra à vítima misturando a saliva de um leproso no que ela chama de "cálice da paz". Quando estava morrendo, a feiticeira gritou: "Fogo! Ó fogo!"

O segundo texto traz as revelações contidas em um livro *obeah* que pertenceu a um praticante já falecido, chamado John Nugent, que escondera o livro em um buraco de uma caverna. Ele admite ter matado um homem porque este cortara um ramo de tanchagem da plantação de seu pai e ter matado outro homem pelo preço de 25 libras. Afirma, ainda, que colocou uma rã no ventre de uma mulher e a fez carregar o animal dentro de si por dois anos; que recebeu 18 libras e 10 *shillings* por cortar o nariz e os dentes de uma mulher; ter matado o marido desta mulher, atendendo ao pedido de outra que dera ao feiticeiro seu próprio corpo em pagamento; e que cobrou 15 libras para matar um homem, mas como 3 libras não foram pagas, ele deixou o homem livre, "mas o fantasma ainda está com ele e o homem ainda não se recuperou".

O terceiro texto é supostamente a confissão do "Velho George Elleth", um nativo de Hampton Road em Porus. Seu pai e avô foram famosos praticantes *obeah*. Elleth afirma que matou 241 pessoas e "causou sofrimento a 655". Segundo seu testemunho, "Suck River é um pequeno inferno abaixo"; Kendal, aquele lugar assustador, no qual as pessoas vinham para mim dia e noite, e em que trabalhei por vinte anos. Eu representei o inferno naquele distrito; Watson Gate na encruzilhada do mal; as pessoas ao redor são como ervas daninhas amargas; há nove feiticeiros *obeah* naquele lugar; nenhum jovem pode ter sucesso lá". Ele afirma que as pessoas iam à Igreja e "chamavam o nome de Deus em vão", e então quando voltavam para casa chamavam a ele (o praticante *obeah*) para fazer trabalhos para elas.

Outro texto, na página 56 do "Livro de Memórias", explica como Richard Daly faz uma consulta sobre como matar um velho para conseguir seu dinheiro. O praticante *obeah* manda que ele encha uma garrafa com água estagnada de uma poça. O velho morre. Depois de algum tempo, Daly, quando estava para morrer, confessa vários outros assassinatos e diz a um amigo que chega para rezar em seu leito de morte: "Vá para o inferno", e o expulsa. Ele declara que vê um golfo e ordena a sua mula que o atravesse.

A página 57 desse mesmo "Livro de Memórias" contém outro texto relatando que Peter era um praticante *obeah* terrível, com uma língua feroz e obscena. Acredita-se que ele matou muitas pessoas e que foi morto pelo estouro de uma taça de veneno que ele preparava para outra pessoa.

Esses casos encontrados no "Livro de Memórias" são, em sua maioria, trabalhos da *obeah* verdadeira, em um contraste marcante com os recentes acontecimentos narrados a seguir. Daniel Hart, no esforço "para melhorar as vendas no mercado", apresenta uma tendência mialista, mas mesmo ele é verdadeiro em suas práticas *obeah*. O objetivo destas é quase invariavelmente prejudicial ou de vingança.

Como regra geral, casos como esses, levados a julgamento de acordo com a Lei de Obeah, que não faz distinção entre *obeah* e mialismo, são exemplos de magia aplicada, também da variedade "branca".

Seria difícil processar alguém pela prática da verdadeira *obeah*. Mesmo um caso claro, com sérias conseqüências, dependeria quase que totalmente de evidências circunstanciais. Ninguém ousaria testemunhar contra um praticante *obeah* acusado de má conduta. Cedo ou tarde, a testemunha teria de pagar o preço por criar inimizade com o servo do diabo. Na sua verdadeira prática profissional, o praticante *obeah* de hoje é tão reservado quanto o do passado. Ele demonstra ter respeito pela administração da lei na colônia britânica. Ele aproveitará para afastar os espíritos que incomodam as pessoas; ajudará no mercado e na Corte e fortalecerá os interesses dos amantes — todas essas atividades são exemplos de magia aplicada. Para ele, tudo é um jogo. Se for pego, pagará o preço e voltará à sua atividade, cobrando um pouco mais caro para cobrir o que perdeu quando foi preso. Mas no que diz respeito à verdadeira *obeah*, o praticante tomará muito cuidado para não revelar o segredo inviolável, pois não deseja arriscar ser condenado. Por esse motivo, a maioria das evidências levadas aos tribunais deve ser considerada meramente magia aplicada, e geralmente de um tipo bem amador, praticada como meio de subsistência e caracterizada em grande parte por imposição e fingimento.

Só precisamos ler um jornal jamaicano de qualquer período para percebermos a prevalência duradoura de tais práticas. Assim, por ocasião da minha última visita à Jamaica, no verão de 1931, tomei nota dos seguintes casos, relatados no *Daily Gleaner of Kingston*, e não acredito ter sido tão observador que nenhum me fugiu à atenção.

10 de junho de 1931 — "Praticante *obeah* condenado a três meses de trabalho forçado pela Corte de Whithorn, R. M". Charles Slater declarou-se culpado "em uma acusação de prática de *obeah* no distrito de St. Leonard, em Westmoreland, na quarta-feira, 20 de maio de 1931".

23 de junho de 1931 — "Processo de ganja e *obeah* em Spanish Town, hoje. George Sykes, de Bog Walk, é acusado pela posse de ganja e de instrumentos para a prática de *obeah*".

11 de julho de 1931 – "Praticante *obeah* condenado à prisão por 6 meses". Na Corte de Kingston R. M. (em 9 de julho), James Thomas.

8 de agosto de 1931 — "Acusado em Richmond pela prática de *obeah*". Thomas Steward acusado de atividades *obeahs* em "Big Gut", segunda-feira, 27 de julho.

28 de agosto de 1931 – "Praticante *obeah* condenado a pagar 25 libras na Corte de Linstead". Robert Watson, de Bog Walk.

31 de agosto de 1931 — "Praticante *obeah* nas Honduras Britânicas é deportado para seu país de origem. Alexander Brown foi condenado a sete anos de trabalho forçado por exploração da boa-fé. Caso apresentado perante o Juiz Superior e o júri jamaicano na colônia." Condenado em Belize a sete anos de prisão nas Honduras Britânicas. Ao término da sentença será deportado para a Jamaica.

Desde então, tenho observado os jornais jamaicanos que chegam até mim algumas vezes, e casos semelhantes são anunciados. O *Daily Gleaner*, de 11 de janeiro de 1933, dá um considerável destaque a um desses casos: "Alega ser espiritualista; multado em 10 libras em acusação de *obeah*. A Sra. Beatrice Hanson foi levada a julgamento em Kingston, ontem. Recebeu um prazo para pagar a multa". A Sra. Hanson defendeu-se alegando ser uma espiritualista qualificada. "Ela era médium clarividente, o que significa que podia ouvir algo sem estar perto do objeto que produzira o som." Também significa auto-sugestão. Ela foi instruída por um discípulo de Sir Arthur Conan Doyle. A mulher agia segundo o princípio da "mente sobre a matéria". O juiz presidente, Sr. Bertram B. Burrowes, declarou, ao proferir a sentença: "O que quer que a *obeah* fosse originariamente, ela estava bem definida nas leis jamaicanas. Naquele caso, o que lhe chamava a atenção em particular era a definição posterior: 'Qualquer pessoa que finja usar poderes mágicos com objetivo de lucro.'" O juiz alegou que como "ela alegara usar clarividência, que significa ver claramente, e sua habilidade em ver certas coisas confirmava a infração. Era opinião do magistrado que a atividade da mulher se enquadrava nos casos previstos em lei, e a considerou culpada."

Os exemplos abaixo foram todos retirados do *Daily Gleaner*.

1º de setembro de 1933 — "Mulher paga 26 libras para afastar 'espíritos' de homem. Um espírito da variedade 'coolie' impedia o marido de cumprir suas obrigações." No Tribunal Policial de Kingston, Ambrosene Allen foi condenado por tirar vantagem indevida de Ada Bogle. "O processo de afastamento dos espíritos incluía beber rum, dando um pouco para um espírito invisível; ungir o rosto com óleos, soprar vários tipos de pós, acender velas, etc."

10 de novembro de 1933 — "Preso por acusação da prática de *obeah*." Clifford Johnson foi denunciado perante a Corte de Kingston por ter "dito a uma mulher que outro membro do sexo frágil lançara um 'espírito' sobre ela para afastá-la do amante. Alegou-se também que Johnson disse à mulher que ele poderia ajudá-la a afastar o espírito que a torturaria e a mataria."

25 de novembro de 1933 — "Homem acusado de praticar *obeah*." Alexander Brown foi procurado por um homem e uma mulher que alegaram estar doentes. Após examiná-los, ele "disse à mulher que havia um espírito com ela e que fora um policial que colocara esse espírito nela. Ele exigiu um pagamento de três libras para 'afastar o espírito.'"

4 de dezembro de 1933 — "Preso sob acusação de prática de *obeah*: suposto conselheiro." Alega-se que Bog Walk Henry Francis "foi pego em flagrante praticando *obeah*".

6 de dezembro de 1933 — "Misteriosas tiras de papel encontradas com homens presos pela polícia. Entre outras coisas estava escrito: 'Eu respiro sobre ti as gotas de sangue que retirei de tua alma.'" Esses misteriosos pedaços de papel foram "encontrados pela polícia nos bolsos de pelo menos três homens presos recentemente. É evidente que algum feiticeiro está operando, distribuindo esses pedaços de manuscrito para garantir a proteção de seus clientes." James Adolphus Turner foi preso como ladrão e com ele foi encontrada uma tira de papel contendo esta inscrição: "Eu,

James Adolphus Turner, respiro sobre ti as gotas de sangue que retirei de tua alma; a primeira de teu coração, a segunda de teu fígado e a terceira de teus poderes vitais. E assim eu te privo da força de tua masculinidade. Amém".

9 de dezembro de 1933 — "Curandeira não praticou crime de exploração da boa-fé". Florence Sur, uma curandeira pela fé, foi acusada de praticar medicina, e inocentada pelo Magistrado Residente, que demonstra em sua decisão que a mulher deveria ser processada segundo a lei que trata da *obeah*.

14 de dezembro de 1933 — Encontramos, aqui, três casos distintos de *obeah* em diferentes regiões da ilha: o título "Presos sob acusação de praticar *obeah*" apresenta um caso levado a julgamento em Llandewey contra Timothy Jackson, pseudônimo Stanley Reynolds, que propôs a uma mulher "resolver tão bem o problema dela, que ela não se desentenderia com seu patrão". "Acusada com base na lei da *obeah*" diz respeito ao caso de Henrietta Wiles, de Kingston, em que ela se oferece para recuperar o emprego de um cliente. Mas o principal caso do dia traz o título: "Praticante *obeah* condenado a seis meses: processo julgado em Spanish Town. Homem alega ser capaz de manter espíritos afastados de uma mulher." David Simon, do distrito de Thompson Pen, foi condenado por ter sido contratado para remover os espíritos que, supostamente, atormentavam Ada Bogle; a casa da mulher "foi continuamente apedrejada, as janelas arranhadas e as portas fechadas por fantasmas". Era tarefa de Simon "afastar os espíritos".

15 de dezembro de 1933 — "Condenado a seis meses pela prática de *obeah*." Trata do julgamento de Timothy Jackson, em Llandewey, mencionado acima.

17 de dezembro de 1933 — Dois casos separados: "Presa sob acusação de praticar *obeah*" refere-se a Sophie Wallace, que se ofereceu para retirar um espírito de Maud Wison, que, alega-se, foi colocado nela pela mulher do "amigo" que a acompanhava. "Mulher condenada a seis meses pela prática de *obeah*", relata como Viola Phillips "ajudou" um cliente no tribunal.

5 de janeiro de 1934 — "Levado a julgamento sob acusação de *obeah*." Ivan Baker, do distrito de Berryvale, foi levado a julgamento em May Pen, acusado de praticar *obeah*.

9 de janeiro de 1934 — "Mecânico multado em doze libras sob acusação de praticar *obeah*: 'usou sua inteligência para explorar pessoas ignorantes.'" George Washington Pitt, que foi condenado por praticar *obeah*, disse orgulhosamente: "Ele podia curar, ele podia matar, e ele podia fazer trabalhos".

13 de janeiro de 1934 — "Presa sob acusação de praticar *obeah*". Oscar McFarlane sempre tem problemas com seu carro e acredita que "alguém fez alguma coisa para prejudicá-lo.'" E Agatha Connel, a acusada, "disse a McFarlane que poderia 'desfazer o trabalho.' Sua tentativa levou-a a ser presa".

30 de janeiro de 1934 — Três casos são relatados: "Prisão de quatro meses para praticante *obeah* em Hanover". Em Lucea, Ebernezer Clarke foi condenado por enganar Newton Brown, um sapateiro em Mount Pleasant, que alega ter sido informado por Clarke de que "havia espíritos em mim e na minha loja". Ele receberia uma "vara" que deveria ser mantida na loja para "afugentar os espíritos". "Seis meses para homem que praticava magia negra." Na corte de Sandy Bay, Leonard Weakley, de Cold Spring, foi condenado. O ponto interessante desse caso foi o fato de terem sido encontrados os seguintes livros em sua casa: *The Sixth and the Seven Books of Moses*; *The Albertus Magnus or the Black Arts for Men and Beasts*; *The great book of Black Magic*; *The Book of Magical Art Hindoo Magic and India Occultism*; um fato que indicaria que, neste caso, não estamos lidando com *obeah* em nenhum dos sentidos dessa palavra, mas com a prática de magia similar àquela encontrada em St. Lucia no caso do assassinato em Monchy.

Ao mesmo tempo, o título "Uma condenação em caso de *obeah* é anulada" diz respeito ao recurso interposto contra a condenação de Viola Phillips, que foi registrada em 17 de dezembro de 1933. A apelação foi aceita com base no fato de que a evidência que deu fundamento à condenação era insuficiente. Em relação a esse caso, devemos apresentar o argumento de defesa usado pelo Sr. N. W. Manley, K. C., segundo o qual "para caracterizar *obeah* seria necessário que a pessoa definitivamente utilizasse meios ocultos ou fingisse ter poderes sobrenaturais, e não apenas praticasse atos tolos e fúteis, alegando que isso levaria a realizar um objetivo. O emprego da palavra 'fingir' demonstra que os legisladores não acreditavam em tais práticas. A *obeah* foi relacionada à simulação de invocar poderes ocultos ou sobrenaturais. Ela tem alguma semelhança àquilo que foi considerado necromancia ou feitiçaria. A necromancia era uma ramificação de um poder oculto, mas muitos casos que podem ser considerados apenas meios de obter dinheiro por meio de simulações foram tratados como *obeah*. Quando se acredita que os poderes professados vêm de uma pessoa e não de um ser sobrenatural, não estamos diante da prática *obeah*. No caso ora julgado não houve nenhuma simulação de que os poderes eram sobrenaturais".

O Sr. Manley teria se interessado pela discussão sobre feitiçaria que ocorreu no recente Congresso Internacional de Ciências Antropológicas e Etnológicas, em Londres. Frank Hulme Melland, com a experiência de quem viveu por mais de um quarto de século na Rodésia do Norte, onde ocupou diferentes cargos como comissário nativo e magistrado, chamou a atenção para o fato de que a lei referente à feitiçaria nas colônias e dependências africanas britânicas começou com a idéia fundamental de que, como a feitiçaria era uma "impossibilidade", ela não existia; e apesar dessa suposição inicial, atos e mais atos foram promulgados contra 'uma coisa que não existe', aumentando a interminável confusão mental da mente nativa. A posição do Sr. Melland em relação à feitiçaria de modo geral era: "É necessário estudar esse assunto sob o ponto de vista daqueles que vivem amedrontados pela feitiçaria, pois somente assim podemos ter esperança de erradicar efetivamente a crença e o terror que ela gera. Ainda que a feitiçaria não exista, a crença nela é real. Além disso, enquanto as religiões primitivas vindas da África são locais, centralizadas no distrito natal, a feitiçaria, aos olhos nativos, é universal, e o terror por ela infundido segue o nativo quando ele está longe de casa, acreditando-se privado da ajuda que lhe pode ser prestada por seus espíritos ancestrais, fato este que cria oportunidades excepcionais para o curandeiro charlatão. Nossa presente atitude oficial e nossa lei parecem aos africanos injustificadas e injustas, incompreensíveis e não razoáveis. Isso necessariamente prejudica o relacionamento entre governantes e governados e, além do aspecto legal, essa situação não está de acordo com a proteção eqüitativa contra esse poder do mal. Nós não damos essa proteção e, portanto, levamo-los a procurar os homens a quem consideramos criminosos: os "curandeiros." O termo "curandeiro" usado aqui não se refere ao feiticeiro, mas a seu antagonista oficial, que tecnicamente entendemos ser o praticante mialista, diferenciado do praticante *obeah*.

Segundo o Sr. Melland, "a legislação penal referente às questões de feitiçaria é eticamente insatisfatória e politicamente já deu provas de ser danosa. Na verdade, dissemos aos africanos: 'vocês são um povo tolo, e nós temos mais conhecimento do que vocês'. É uma declaração pretensiosa e singularmente ineficaz. Praticamente toda a população acredita que qualquer indivíduo possa ser enfeitiçado a qualquer momento". Após citar um caso típico, ele acrescenta: "Muitos dos que costumavam acreditar que esse tipo de coisa estava morrendo, agora admitem que estavam errados". O Professor L. S. B. Leakey, da Universidade de Cambridge, que representou o Quênia na discussão, foi de igual eloqüência, e assim apresentou suas observações no Programa Oficial: "Aonde quer que o homem branco vá na África, cedo ou tarde ele se encontrará diante de algum aspecto da feitiçaria; e quer seja ele um missionário, um membro do governo ou um comerciante, não pode evitar exprimir sua opinião sobre o assunto. As reações dos nativos africanos às diversas atitudes européias em face da feitiçaria são repletas de interesse, e podem nos ensinar muito; e o melhor modo de descobrir o que os africanos pensam a respeito da atitude do homem branco é ouvir as conversas deles sobre a questão. Eu tive muitas oportunidades de fazer isso. O que mais me surpreendeu, todas as vezes, foi o fato de que os africanos nos consideram o povo mais ilógico do planeta; e eu devo admitir que eles não estão errados em pensar assim, pois quando as declarações e os atos do homem branco concernentes à feitiçaria são examinados do ponto de vista do homem negro, nada pode ser mais absurdo e ilógico. Para o nativo africano, o europeu: (a) por um lado pratica a feitiçaria de muitas formas; (b) ataca a feitiçaria quando descobre que ela é praticada pelos negros; (c) afirma que é errado para os africanos punir membros da comunidade que são descobertos praticando magia negra; (d) recusa-se a punir as pessoas que são acusadas de matar alguém usando feitiçaria, afirmando que isso não é possível e, portanto, tal coisa jamais aconteceria; (e) nega a existência ou a possibilidade de se realizar qualquer coisa pela feitiçaria, mas a pratica; (f) não apenas ataca a feitiçaria do negro, mas tenta impedir que os africanos utilizem a feitiçaria do homem branco. Resumindo, para o povo africano a atitude do homem branco no que toca à feitiçaria é incompreensível, ilógica e egoísta, além de ser totalmente idiota".

De acordo com o Dr. Leakey, a opinião dos nativos é resumida nessa frase: "Eles nos dizem que não há necessidade de ter medo, mas usam sua própria magia o tempo todo". O termômetro clínico, os exames de sangue e as impressões digitais, os gramofones e a câmara fotográfica são vistos pelo nativo como formas de magia do homem branco, e é a conclusão geral dos africanos que os brancos estão procurando monopolizar a magia.

Entre os jamaicanos instruídos, eu receio, há também uma certa falta de reconhecimento em relação à atitude verdadeira da "mata" no que diz respeito à feitiçaria. A lei pode presumir a impossibilidade do fato e enfatizar que a falsa alegação do uso de poderes sobrenaturais constitui crime, como o Sr. Manley. Mas aqueles que temem ou que procuram a *obeah* têm convicção de que o praticante *obeah* pode controlar, e controla, influências sobre-humanas que podem destruir a própria vida sem nenhum contato físico; e que essas influências não vêm do praticante *obeah* (tal crença já havia sido apontada pelo Sr. Manley), pois o praticante *obeah* é apenas um agente do maligno, que é quem realmente produz o efeito desejado pelo encantamento do devoto e da aceitação do cliente — ambos estão entrando em contato com ele, acreditando totalmente em sua cooperação. O praticante *obeah* apenas direciona o poder ou a força necessários que, em última instância, vêm do autor do mal.

Após essa longa digressão, retornemos aos arquivos do *Daily Gleaner.*

1º de fevereiro de 1934 — "Preso sob acusação de praticar medicina e *obeah*". Essa notícia diz respeito a Roberts Giscombe em Kingston.

5 de fevereiro de 1934 — "Condenado na corte de May Pen sob acusação de prática de *obeah*". Ivanhoe Baker vendera um anel a Ada Bogle para manter um espírito afastado dela. Em breve falaremos um pouco mais sobre esse tipo de anel, mas devemos chamar a atenção para o fato de que também nesse caso encontramos menção de um livro intitulado *Sixth and Seventh Books of Moses*, e outros trabalhos de astrologia e magnetismo pessoal.

6 de fevereiro de 1934 — "Preso sob acusação de *obeah*. Annotto Bay". Alexander Decton foi acusado de cobrar sete libras e dois *shillings* para afastar um desagradável adversário. Decton "matá-lo-ia ou o expulsaria da propriedade". Isso soa como verdadeira *obeah*.

15 de fevereiro de 1934 — "Preso pela polícia sob acusação de praticar *obeah*". Peter Robinson foi acusado de oferecer a uma mulher proteção contra seus inimigos.

16 de março de 1934 — "Alexander Brown condenado a 12 meses por prática de *obeah*". Alexander Brown declarou-se culpado em uma acusação de prática de *obeah*. Ao proferir a sentença, o juiz disse: "Brown, seu advogado apresentou uma defesa eloqüente, mas eu não posso esquecer o fato de que existe uma crença muito forte em *obeah* neste país, e essa é a causa de sua prática insistente por pessoas como você. No que cabe a mim, pretendo tratar com a máxima severidade qualquer pessoa que eu considerar culpada. A despeito de tudo o que foi dito a seu favor pelo Sr. Wynter, eu não posso ser indulgente com você, por isso eu o condeno a 12 meses de prisão com trabalhos forçados e a receber 12 chicotadas".

31 de março de 1934 — "Marido e mulher condenados por prática de *obeah*". Esse caso é seqüência do caso de Annie Harvey e seu marido, mencionado em 2 de março de 1934.

9 de abril de 1934 — "Pai e filha presos como praticantes de *obeah* na Metrópole". James Lee e sua filha Olive foram acusados de ter dito a uma cliente "que outra mulher lhe tomara o 'cavalheiro' e estava tentando feri-la. A cliente disse que desejava recuperar o 'cavalheiro' e impedir a outra mulher de lhe causar mal. Os acusados concordaram em fazer o 'trabalho' e discutiram o preço".

Uma das características em muitos desses casos é que se alega que os praticantes *obeah* "falavam em uma língua desconhecida", o que supostamente é um elemento comum da prática. Devemos observar como a grande maioria das citações se refere a procedimentos legais em Kingston ou nas principais cidades da ilha. Comparativamente, há poucos julgamentos envolvendo o que acontece na "mata".

Uma das mais recentes criações da magia aplicada é conhecida como o anel *obi*, que foi referido no caso de Ivanhoe Baker, em 5 de fevereiro de 1934. Não encontro menção alguma a isso em nenhum dos livros aos quais tive acesso; portanto, concluo que sua origem é recente. Durante minha estada na Jamaica, jamais consegui localizar o anel, mas quando retornei, um anel *obi* foi-me enviado. Aparentemente é um anel simples feito de metal, ou pobremente chapeado, como aqueles que normalmente são vendidos por alguns *shillings*. Do lado de dentro havia um furo que servia como receptáculo para um pequeno amuleto que se parecia com a cabeça de um pequeno cravo, onde o "remédio" é colocado. No caso ligado ao anel que recebi, uma mulher estivera doente por algum tempo quando foi procurada por um praticante *obeah*, que se ofereceu para curá-la com o uso do anel que custava uma libra. A mulher aceitou e rapidamente recobrou a saúde. No entanto, circunstâncias ligadas ao caso levam-me a acreditar que o mesmo praticante *obeah* envenenara a mulher com a ajuda da cozinheira dela, e o receptáculo no anel continha o antídoto que foi absorvido pela pele e agiu contra o veneno. Nessa suposição o anel não deveria ser chamado anel *obi*, mas anel mialista. Porém, como já dissemos com tanta freqüência, as duas funções agora estão incluídas na prática *obeah*.

Capítulo 4

Crença Popular em Fantasmas

Sir Henry Hesketh Joudou Bell, que recentemente se aposentou do cargo de governador das Ilhas Maurício, passou muitos anos no Serviço Colonial Britânico nas Índias Ocidentais, onde começou sua carreira em 1882.

Escrevendo sobre suas experiências em Granada e descrevendo o "amor e a crença inabalável de Quashie pelo oculto" com a conseqüente "profunda fé na existência de fantasmas", ou como são chamadas nas Índias Ocidentais, *"jumbies"* ou *"duppies"*, Sir Hesketh relata a seguinte experiência vivida por ele:

"Durante algum tempo eu aluguei uma propriedade de nome 'Paraíso'. Ficava em um local um tanto isolado e não havia vizinhos próximos. Devido à reputação da casa, ou seja, de que ela era assombrada por um exército de *'jumbies'*, foi com muita dificuldade que convenci um cavalariço a dormir no local, e somente consegui que ele lá permanecesse porque permiti que dormisse sobre um tapete ao lado da porta do meu quarto.

"Durante a noite eu ouvia todos os tipos de barulhos peculiares e sons desagradáveis, mas a casa, sendo muito velha, estava infestada de ratos, e eu atribuía a eles os barulhos.

"O cavalariço, no entanto, negava enfaticamente que os sons eram produzidos pelos ratos e insistia em culpar os fantasmas. Repetidamente ele me dizia que teria de deixar o trabalho, porque 'os *jumbies* me perturbam muito' e, freqüentemente, no meio da noite, eu acordava assustado ouvindo o rapaz gritar. 'Qual é o problema?', eu perguntava exasperado, apenas para receber a mesma resposta sobre os fantasmas: 'ouça, eles estão acendendo fósforos em volta da casa'. Eu realmente ouvia barulhos que soavam como fósforos sendo acesos, mas isso era tudo, e os outros sons poderiam muito bem estar sendo produzidos pelos ratos que infestavam o lugar.

"Certa noite, no entanto, fiquei horrivelmente alarmado e experimentei uma boa dose das sensações provocadas por algumas das histórias assustadoras de Edgar Allan Poe. Estava completamente sozinho na casa e permitira ao rapaz dormir em outro lugar aquela noite. Fui dormir como de costume sendo acordado por certos barulhos após algumas horas de sono. O vento estava forte e assobiava melancolicamente por entre as árvores. Eu não tivera um sonho agradável e acordara com um sentimento de inquietação, enquanto meus pensamentos se voltavam para idéias desagradáveis e algumas histórias amedrontadoras que ouvira no dia anterior.

"O triste grito de uma coruja ressoava de tempos em tempos, e parecia que os ratos e morcegos estavam extraordinariamente inquietos e fantasmagóricos. Céus! O que era aquele barulho que eu ouvia logo abaixo da janela? Soava como ruído de passos. Ouvi o mesmo som novamente! Meu Deus! Poderia jurar que era estrépito de ferro, soava como correntes! Comecei a suar frio, meu cabelo ficou encharcado. Prendi a respiração para poder ouvir até o menor ruído. Novamente ouvi o som de correntes, agora bem perto da janela. Todas as histórias de gelar o sangue que ouvira a respeito de fantasmas acorrentados passaram pela minha mente. De trás das nuvens a lua irradiava um brilho intermitente e me permitia distinguir os objetos. Ouvi mais uma vez o barulho de correntes sendo arrastadas.

"Por mais que tentasse, não conseguia tirar os olhos da janela e, a cada segundo, eu esperava e temia ver uma face branca com olhos brilhantes pressionada contra a vidraça. Eu não agüentava mais, e não sabia o que iria fazer, quando um som horrível quebrou a assustadora calma da noite — 'HeeHaw! HeeHaw!' — era o burro solto do lado de fora da casa. Jamais fiquei tão encantado pelo zurro desse animal; nunca me soou tão doce ou reconfortante. Novamente eu estava em paz e, xingando a mim mesmo, virei para o outro lado da cama e dormi até de manhã".[148]

Sem dúvida, muitas histórias de fantasma contadas na Jamaica podem ser facilmente explicadas pelos incrédulos visitantes da ilha, mas com certeza nenhum estrangeiro, nem qualquer outra pessoa, será capaz de enfraquecer a supersticiosa crença da "mata" na participação ativa de entidades espirituais; crença essa que exerce uma extraordinária influência na vida diária de praticamente cada negro, quer ele esteja nas Índias Ocidentais ou em outro lugar.

Inquestionavelmente, muitas experiências de arrepiar os cabelos são forjadas com terrores que têm seu único fundamento na histeria ou no medo imaginativo, conseqüências de um ataque de nervos; e devemos ter cuidado no que diz respeito à aceitação sem críticas de cada história contada, particularmente aquelas que as pessoas "ouviram dizer".

Por outro lado, o missionário temporário é naturalmente tão cético em relação a essas questões que sua tendência é de filtrar todas as evidências e encontrar uma explicação natural para tudo e, como regra geral, sua busca não é em vão. O distrito vizinho ao meu ficou certa vez sob a respon-

---

148. Hesketh J. Bell, *Obeah; Witchcraft in the West Indies*, Londres, 1889, pp.122 e seguintes.

sabilidade de um missionário que, de repente, descobriu que seu despertador desenvolvera uma estranha propensão. O missionário deixava o relógio sobre a mesa e quando voltava para o quarto encontrava o despertador no chão, debaixo da mesa. Às vezes, ele era acordado no meio da noite pela insistência do relógio em voltar para o chão. As circunstâncias afastavam todas as possibilidades de uma brincadeira — ele estava sozinho na casa. Finalmente, certa vez, em plena luz do dia, enquanto o missionário estava em uma sala contígua ao quarto, ele ouviu o impacto do relógio caindo ao chão. Tal fato deu início a uma séria investigação. O relógio era velho e só cairia se fosse colocado de costas. Após experimentar e observar várias vezes, descobriu-se que quando a mola principal voltava para trás ela girava a chave que ficava do lado de trás do relógio, e como o relógio se apoiava nela, um movimento vagaroso, mas perceptível, jogava o relógio para fora da mesa. Assim, mais uma boa história de fantasma foi arruinada.

Mais tarde, o mesmo missionário conseguiu descobrir a causa de uma irritante batida que perturbava os empregados da casa em todas as horas da noite. Era um inofensivo cachorro que, no costumeiro hábito de se coçar, produzia o barulho que causara tanta perturbação.

Esses exemplos são citados apenas como demonstração da calma usual e da atitude determinada daqueles que estão habituados à "mata", e que não podem deixar que seus nervos lhes escapem ao controle. Eles buscam instintivamente encontrar uma explicação normal para os fenômenos que, de outro modo, destruiriam sua paz mental.

O que devo, então, pensar a respeito dos relatos que recebo dos missionários temporários e de outras testemunhas igualmente confiáveis, narrando experiências pessoais que desafiam todos os esforços no sentido de encontrar uma explicação natural? Vários relatórios nesse sentido estão diante de mim, sobre minha mesa. Os autores generosamente me autorizam a usar os fatos, mas naturalmente me pedem para evitar publicidade indevida. Posso entender seus sentimentos, pois precisei de um quarto de século para encontrar coragem suficiente para relatar publicamente minhas experiências e opiniões. Conheço cada testemunha pessoalmente e posso garantir sua sinceridade e razoabilidade de julgamento. Narrarei alguns casos. Alguns desses incidentes aconteceram recentemente; outros, há mais de trinta anos. Eu os reuni à medida que recebia os relatos. Mas em todos os casos consegui o relatório escrito e a assinatura da testemunha.

Comecemos com um incidente ocorrido em Kingston. Um homem é perturbado por seu irmão falecido que "apareceu para ele várias vezes junto à sua cama às onze horas da manhã". A aparência do "fantasma" era a mesma de quando o homem fora colocado no caixão, mas ele não dizia nenhuma palavra. Duas bênçãos comuns sobre a casa não produziram efeito. O "espírito" continuou a aparecer. A casa foi abençoada de um modo especial, e o espectro não mais se fez presente. Aparentemente, o homem perturbado pelo "fantasma" era são e normal. Se o incidente foi uma ilusão, teve tanta força que o pobre homem está convencido de que a experiência foi real.

Também em Kingston lemos o caso a respeito de uma mulher e seus filhos que quase ficaram loucos devido à repetida aparição, em sua casa, de um homem que desaparecia assim que era abordado. O relato continua: "Quando fui à casa e interroguei a mulher, percebi que ela e, principalmente, o filho de dez anos estavam genuinamente apavorados. Cheguei a preocupar-me com o garoto; temi que ele enlouquecesse de tanto medo que sentia. Não havia contradições na história que contavam; não era uma brincadeira. Pedi ao menino que me contasse os detalhes e mostrasse os lugares onde ele estava e onde o homem aparecia repetidamente. Abençoei a casa e aconselhei a mulher a manter a mente do garoto ocupada com outra coisa. Eles não pediram dinheiro ou ajuda material. Com certeza o menino vivia uma agonia de terror. A mãe era uma pessoa muito nervosa e, por algum tempo, desconfiei de que ela estava amendrontando o garoto. Porém, descobri que isso não era verdade. Para as pessoas daquela casa a aparição era real. Quem pode dizer se era ou não?"

Em Westmoreland, as pessoas acreditam que, a menos que uma criança de quatro anos seja "adequadamenente" enterrada, seu espírito voltará para assombrar a casa.

Nas montanhas Dry Harbour, um menino não batizado era "atormentado por espíritos", e o pai pediu ajuda ao padre, que escreveu: "Parti com o pai do garoto e atrevessamos as montanhas. Perguntei-me se algum homem branco já havia penetrado aquela parte da Jamaica. Após uma longa subida, finalmente chegamos à cabana. Para minha grande surpresa, encontrei o garoto doente sentado em uma cama alta feita em casa. Ele dava a impressão de ser bem mais forte e saudável do que eu. Parecia que não havia nada de errado com ele. Quando lhe fiz algumas perguntas, o menino contou a mesma história narrada pelo pai — que ele estava perturbado por espíritos. Como ele morava muito longe da civilização, dei-lhe as instruções necessárias e o batizei. Alguns dias depois, recebi a informação de que o garoto falecera quase imediatamente após minha partida".

Temos também o exemplo de um infeliz leproso que "durante sua doença era erguido e jogado pela casa por um espírito desconhecido".

De outra parte da ilha nos chega o seguinte relato: "Uma mulher mandou me buscar para que eu fosse benzer sua casa, pois ela e sua filha eram perturbadas por espíritos malignos. Fui até lá e a interroguei sobre a natureza do problema. Primeiramente ela se queixou que os espíritos malignos 'moviam a cortina, fazendo barulho'. 'Pode ser o vento', sugeri. 'Mas eles jogam pedras na janela', ela respondeu. Insisti: 'São meninos brincando com você'. A mulher estava visivelmente irritada com a minha dificuldade em ser convencido. Ela me disse: 'Padre, vou lhe contar a verdade.

Minha filha e eu estávamos na cama, e eles esvaziaram uma balde de água em nós.
O próximo relato é um pouco mais longo. Estas são as palavras do narrador: "A história foi-me contada por um rapaz negro. Ele foi hospedado por uma mulher que possui e mora em uma casa mal-assombrada. A cama do rapaz fora colocada no chão, de frente para a porta que dá para o quarto da mulher. Embora ele tenha permanecido na casa por algum tempo, só viu algo estranho uma vez, mas com freqüência ouvia passos subindo e descendo a escada da frente. Ele jura que todos os detalhes de seu relato são verdadeiros. Certa noite, acordou e viu uma mulher à sua frente. Ela permaneceu lá por algum tempo, enquanto o rapaz olhava para ela. Não disse uma palavra e, finalmente, virou-se e foi embora. O rapaz teve a impressão de que a mulher desejava entrar no quarto, mas a presença dele a impedira.

"No dia seguinte, conversei com a proprietária da casa. Ela me disse que costumava ver fantasmas quando era uma garotinha, mas jamais teve medo porque eles nunca a machucaram, simplesmente apareciam para ela. Com o tempo isso parou, e ela nunca mais teve nenhuma experiência com o suposto mundo sobrenatural até oito anos atrás. Ela tem agora 45 anos.

"A mulher comprara uma casa e morava lá sozinha. Uma noite, ao entrar em seu lar, alguma coisa a agarrou pelo braço, puxou-a para dentro e partiu. Ela imaginou que fora uma pessoa. Essa foi a primeira experiência. Desde aquele dia até hoje, a mulher é constantemente aterrorizada por vários tipos de barulho, que parecem ser produzidos por "assombrações", e principalmente por sons de passos subindo as escadas. Isso sempre acontece à noite, jamais durante o dia. Entre outras experiências que ela não teve tempo de me contar, estas são as principais:

"Certa noite ela acordou e ouviu passos aproximando-se de sua porta; algo passou pela porta, atravessou o quarto e chegou até o lavatório, que ficava próximo da cama. Ela se sentou; o fantasma espirrou a água da bacia e molhou o rosto da proprietária. Ela gritou, e o fantasma desapareceu. A mulher tocou as gotas d'água que estavam no rosto e as enxugou.

"Em outra noite, ela pediu a uma mulher que dormisse com ela, sem, no entanto, contar-lhe que a casa era mal-assombrada. Pela manhã a visitante, apavorada, contou a mesma história descrita acima e se recusou a dormir na casa novamente.

"Ainda em outra ocasião, e isso aconteceu diversas vezes, ela acordou no meio da noite, embora não houvesse barulho. Ela se virou na cama e gritou em pânico, pois havia se virado sobre outro corpo. Quando ela gritou, o corpo desapareceu e a mulher dormiu novamente. Às vezes ela é acordada por uma sensação sufocante e tem a impressão de que alguém pressiona seus ombros e envolve seu corpo.

"Em outra noite, ela ouviu passos se aproximando; sentou-se na cama e o fantasma lhe deu um forte soco no estômago. Desde então, ela sofre de uma ardente febre interna que nenhum médico na ilha é capaz de curar.

"Sempre que ela grita, o fantasma desaparece. A mulher não consegue ver o fantasma; apenas o ouve e sente. Quando lhe perguntei se ela conhecia algum, praticante *obeah*, a resposta foi negativa; mas afirmou que se conhecesse algum, pediria ajuda.

"Aparentemente, o fantasma tem medo de homens, pois quando algum rapaz dorme na casa, a proprietária não é perturbada. Mas quando uma mulher está com ela, o fantasma aparece do mesmo modo.

"Eu acredito que exista algum fundamento nessa história. A mulher tinha tanta certeza dos detalhes, e há um certo número de pessoas que corroboram seu testemunho. Ela jurou várias vezes que estava dizendo a verdade, afirma que é torturada pelo fantasma e que deseja vender a casa na qual gastou tanto dinheiro e energia para tornar confortável".

O que quer que pensemos sobre a realidade física desses diversos incidentes, mesmo que a credibilidade das testemunhas possa ser colocada em dúvida por algumas pessoas, uma coisa é certa — para esses infelizes que passaram pelas experiências, elas eram horrivelmente reais; e nenhuma explicação ou argumento em contrário os fará acreditar que não foram vítimas de uma força espiritual, seja ela chamada de *"duppy"*, sombra, ou qualquer outro nome que preferirmos.

Isso não significa que esses indivíduos considerem o agente, seja ele o que for, algo diabólico. Muito pelo contrário. Segundo as idéias difundidas na "mata" quanto ao homem ser composto de corpo e alma, há qualidades no elemento espiritual do homem que, em circunstâncias específicas, capacitam-no a produzir certos fenômenos extrínsecos e a exercitar uma poderosa influência para o bem e para o mal em relação a outras pessoas, ocasionalmente durante a vida, mas especialmente após a morte, quando a alma fica livre das amarras do corpo. Em outras palavras, as ações dos fantasmas ou sombras não devem ser considerados sobrenaturais em si mesmas, mas simplesmente naturais, pois não há intervenção de uma força espiritual externa a elas; exceto talvez pelo que acontece no caso do praticante *obeah*, quando ele assume o controle e o uso dessas forças naturais da alma humana. E mesmo assim, a psicologia da "mata" entende que se trata de um uso sobrenatural de uma força natural.

Quer consideremos esses incidentes fenômenos psíquicos ou simplesmente superstições populares, dois elementos devem ser cuidadosamente distinguidos na Jamaica — o fantasma (espírito) e a sombra. No passado, havia uma crença comum de que o praticante *obeah* conseguia aprisionar a sombra das pessoas vivas em uma árvore, com a conseqüência de que a vítima, que perdera a sombra, enfraquecia e morria, a não ser que o praticante mialista desfizesse o feitiço, liberando a sombra e devolvendo-a a seu dono. Do mesmo modo, enquanto o praticante *obeah* podia "enviar" espíritos para atormentar as pessoas, o praticante mialista podia libertá-las desses espectros atormentadores. Para diferenciar corretamente esses dois elementos, a sombra e o espírito (ou fantasma), devemos retornar aos ashantis, de quem eles foram originariamente trazidos para a Jamaica nos tempos da escravidão.

O Capitão Rattray explica: "Os ashantis usam uma certa quantidade de nomes que podem ser traduzidos como alma, espírito ou fantasma".[149] "Saman é um fantasma, uma aparição, um espectro; esse termo nunca é aplicado a uma pessoa viva ou a qualquer coisa inerente a uma pessoa viva. É objetivo e é a forma que os mortos às vezes assumem, quando visíveis na terra, e nessa forma eles seguem para o *asaman* ou *samandow* (o lugar dos fantasmas). *Samandow* é a moita dos fantasmas; samanfo ou fantasmas, ou seja, os espíritos dos ancestrais. A palavra não tem ligação com nenhum tipo de alma".[150] "Um saman assume a forma de um corpo mortal e tem todos os seus sentidos, ou pelo menos alguns, e sente fome e sede".[151] Mais adiante, o mesmo autor explica que, segundo a crença ashanti, quando um homem morre, seu espírito ou saman aparece imediatamente perante o Ser Supremo; ou como acreditam alguns, perante uma divindade subordinada a ele, e descobre se deve seguir para o mundo dos espíritos ou assombrar a terra por algum tempo, senão permanentemente. Rattray acrescenta: "Esse espírito então se torna um espírito de espera... Ele não parece ter muito poder para causar danos, e geralmente é tímido e se limita a assustar as pessoas. O saman, cuja presença na terra foi ordenada até que se cumpra seu destino, por fim segue para o mundo onde todos os espíritos vivem, desaparecendo da terra".[152] "Com freqüência, as pessoas deixam comida para os samans, e quando visíveis ao olho humano, estão geralmente vestidos de branco".[153] Esse é o fantasma jamaicano em todos os detalhes.

O Reverendo R. Thomas Banbury, descrevendo a Jamaica atual, expressa a seguinte opinião: "A palavra *duppy* (fantasma, espírito) parece ser uma corruptela de *doorpeep* (aquele, ou aquilo, que espreita pela fechadura).[154] Pessoalmente, sou totalmente contrário a essa derivação da palavra *duppy*, mas até onde posso determinar é a única que foi sugerida na Jamaica. O Dr. Werner, escrevendo para mim, atribuiu a origem ao termo *dupe*, 'fantasma' na língua *bube* das regiões sul e leste da ilha de Fernando Poo. Mas enquanto a influência cultural dos ashantis na Jamaica é prevalecente, não há indicação de que os grupos de escravos de Fernando Poo tenham influenciado a cultura jamaicana. A terminologia ashanti dominou tanto a Jamaica que é sensato voltar a esse povo quando buscamos elucidações mais profundas sobre os problemas da ilha".[155]

---

149. Rattray, *Religion and Art in Ashanti*, p. 152;
150. idem, p. 152;
151. Rattray, *Ashanti Proverbs*, 34, p. 36.
152. idem, p. 37;
153. idem, p. 38;
154. Banbury, l.c., p. 27;
155. Christaller, l.c., p. 100;

Mais adiante, o Reverendo Banbury declara que *duppies* são fantasmas que supostamente aparecem, nesse país, a pessoas dotadas de uma segunda visão. Acredita-se, de modo geral, que almas que partiram retornam à terra, assombram suas habitações, ou permanecem perto do local onde seus corpos estão enterrados. Eles comem e bebem como seres vivos e ficam aborrecidos quando os moradores das casas não deixam nada para eles à noite. Por essa razão, os supersticiosos deixam comida sobre a mesa para os *duppies*.[156] "Eles geralmente aparecem usando as roupas com as quais foram enterrados".[157]

Embora sejam principalmente entidades espirituais, eles inquestionavelmente incluem um elemento material em sua composição. Em ocasiões de morte na vizinhança, especialmente se houve violência, as pessoas tomam muito cuidado para fechar todos os buracos nos casebres "para manter os *duppies* do lado de fora". De fato, quando aproximadamente cem pessoas morreram afogadas em Montego Bay, durante o furacão de 1912, era quase impossível encontrar um mensageiro para realizar uma tarefa que o mantivesse fora de casa depois de escurecer. A desculpa geral era: "Muitos mortos por perto!". Além do mais, o Sr. Banbury afirma: "Acredita-se que os *duppies* agem como anjos da guarda de seus parentes e amigos".[158] Eu jamais encontrei um jamaicano que não fosse avesso a encontrar um *duppy*, ainda que fosse um parente ou amigo.

O padre Emerick escreve: "O significado usual do termo *duppy*, quando não ligado a outras superstições, é o mesmo que damos à palavra 'fantasma'. Os *duppies* jamaicanos, assim como nossos fantasmas, mantêm um interesse nas pessoas e no mundo que deixaram para trás e buscam a intercomunicação com eles. Mas esse interesse é, na maioria das vezes, egoísta, malévolo, ou vingativo. Para ser capaz de ver e conversar com os *duppies*, você deve possuir "quatro olhos"; ou seja, ser dotado de uma segunda visão, pela qual conseguirá enxergar o que acontece no mundo dos espíritos. Para que as pessoas com esse dom possam ver os espíritos, assim como acontece com os médiuns no espiritismo moderno, não é necessário que elas fiquem trancadas em um lugar específico ou entrem em um transe hipnótico; elas simplesmente não podem evitar de ver os espíritos quando eles estão por perto. Como os nossos fantasmas, os *duppies* divertem-se assombrando as casas, assustando pessoas quando batem as portas, tiram as cadeiras do lugar, puxam as cortinas, etc. Eles sentem uma atração

---

156. Banbury, l.c, p. 27.
Nota — Escrevendo sobre o período do grande terremoto de 1692, Gardner comenta sobre os escravos: "Houve uma grande lamentação sobre os túmulos dos mortos; e acreditava-se que o espírito, ou 'duppy', pairava por alguns dias sobre o local antes de sua partida final para a África; comida e rum eram colocados sobre o túmulo e renovados todos os dias". (Gardner, l.c., p.99);
157. Banbury, l.c., p.27;
158. idem, p. 31.

especial por casas vazias e lugares ermos. É comum encontrar casas-assombradas tanto no campo quanto na cidade".[159]

O padre Emerick continua e relata uma experiência pessoal: "Uma das casas assombradas pelos *duppies* na cidade era muito grande e tinha dois andares. Quando eu fui enviado à Jamaica em 1895, para auxiliar o padre Patrick Kelly, ele estava se esforçando muito para restabelecer uma escola no mesmo prédio. O padre Kelly e eu morávamos nessa casa, dormindo lá durante a noite. Acreditava-se que o local era assombrado pela alma de um rico leproso que morrera lá. Quer tenha sido obra do leproso falecido ou dos *duppies*, o fato é que passamos por algumas interessantes experiências. Uma noite nós dois fomos perturbados por alguém que parecia ter vindo à nossa porta. Mais ou menos uma hora depois que eu rapidamente agarrara a maçaneta da porta do meu quarto para manter o intruso do lado de fora, ouvi o padre Kelly me chamar, de além de uma sala vazia que ficava entre nossos quartos, perguntando se eu fora à sua porta".[160]

Mais tarde, o mesmo autor nos informa: "Porém, os *duppies* jamaicanos não se limitam a assombrar as casas, mas assim como as fadas, eles gostam de vagar pela vizinhança. Por isso, de acordo com a crença generalizada, você não deve conversar com pessoas desconhecidas que encontra na rua à noite. Você pode cometer o erro de se dirigir a um *duppy* e ser derrubado por ele".[161] "Esses *duppies* não apenas batem nas pessoas, mas têm um jeito peculiar de perturbar as casas e as redondezas, tornando muito desagradável para as pessoas morar no local. Raramente encontramos um distrito onde nenhuma casa é perturbada pelos *duppies*".[162]

Portanto, o *duppy* jamaicano, por todas essas razões práticas, pode ser considerado substancialmente a mesma coisa que o nosso fantasma, no que diz respeito à natureza e ao método de se manifestar e perturbar os outros.

Como dissemos anteriormente, segundo a aceitação ashanti, o "espírito de espera" é condenado a assombrar a terra permanentemente. O nome dado a esse tipo de espírito é *osamanentwen*, que é explicado por Christaller como "um espírito que partiu do corpo, mas que não é admitido no *asaman*, devido à sua maldade durante a vida, e deve vagar pelas casas".[163]

Na "mata" jamaicana há uma crença semelhante segundo a qual no caso de indivíduos reconhecidamente maus, seus fantasmas ou *dupppies* tomam a forma de um bezerro, com um pedaço de corrente pendurado no pescoço, como um aviso das conseqüências de praticar o mal. Essas criaturas são conhecidas popularmente como "Bezerros que vagueiam", e são assim descritos por Banbury: "Chamo a atenção para uma curiosa superstição

---

159. Abraham J. Emerick, *Jamaica Duppies*, Woodstock, 1916, p. 339.
160. idem, p. 340;
161. idem, p. 341.
162. idem, p. 345;
163. Christaller, l.c., p.424.

que ainda predomina na Jamaica — a crença nos 'Bezerros que vagueiam'. São um grupo de animais, ou como se acredita, de espíritos maus na forma de animais, que vagueiam pela noite, e são freqüentemente vistos pelas pessoas. Há várias pessoas que afirmam ter encontrado tais espíritos à noite. Essas criaturas de almas transmigradas são vistas em diferentes formas — gatos, cachorros, porcos, cabras, cavalos, bois, etc. — e acredita-se que são extremamente perigosos quando estão na forma felina, principalmente preta ou malhada. Um pedaço de corrente, que eles trazem das regiões infernais, é preso ao pescoço deles. As pessoas afirmam que freqüentemente ouvem o barulho das correntes do 'bezerro que vagueia' no quintal de casa à noite, e também ouvem as brigas entre eles e os cachorros, seus inimigos mortais. Os cachorros atacam-nos repentinamente e os obrigam a fugir. Supostamente, durante o dia eles vivem nas raízes de grandes árvores, em bambus e cavernas, como os *duppies* fazem. Mas nessa hora não podem ser vistos, exceto pelas pessoas que possuem o dom de enxergar espíritos.

"Acredita-se que às vezes essas criaturas estejam sob os efeitos de um feitiço *obeah*, quando elas atacam as pessoas e disputam o caminho. Elas possuem o poder extraordinário de aumentar de tamanho — de um gato ou cachorro para o de um cavalo ou boi. O único meio de se escapar desses monstros infernais é açoitá-los com a mão esquerda. Eles têm muito medo dos chicotes. Alguns carroceiros e outras pessoas ouviram-nos gritar quando açoitados: 'Morri duas vezes!'. Esses seres gostam muito de melado, por isso é comum vê-los nas plantações de cana-de-açúcar na época da colheita. Pelo mesmo motivo eles acompanham o transporte que leva açúcar até o cais. Supostamente, eles também gostam de carne, e se misturam ao gado, causando terror".[164]

Banbury ilustra seu relato com a seguinte anedota: "Um homem que é membro de uma certa igreja, um senhor instruído e honesto, que, acredito, jamais contaria uma mentira, disse-me que certa noite, já bem tarde, ele caminhava pela rua. A lua brilhava intensamente. De repente, encontrou uma grande criatura negra deitada de um lado a outro da rua. Nenhum cão poderia ser tão grande. Em pânico, o homem ameaçou bater na criatura com sua bengala. A bengala escapou-lhe das mãos e ele não conseguiu ver para onde o animal fugiu. O homem chegou em casa com febre, que durou por algum tempo; sem dúvida resultado do susto que levara. Com certeza, ele acreditou que o animal era uma dessas criaturas da noite.

---

164. Banbury, l.c., pp. 23 e seguintes.
Nota — Charles Rampini, em *Letters from Jamaica*, Edimburgo, 1873, p. 83, afirma: "Um fantasma extremamente danoso é aquele conhecido como 'bezerro que vagueia', um espírito com um olho flamejante, que assombra a cidade à noite, arrastando uma longa corrente atrás de si. Falar com esse espírito, ou tocar a corrente dele, faz com que ele se volte para você e o ataque. O único modo de escapar é enfiar um canivete aberto no chão e correr sem olhar para trás".

Sua imaginação apavorada transformou em fantasma o que provavelmente era um grande cão negro".[165]

É evidente que o Reverendo Banbury encara toda essa crença com total ceticismo: "Lembro-me de uma noite em que eu seguia montado em minha mula. Já era tarde e eu cochilava. De repente, a mula saltou para uma encosta íngreme e começou a bufar fortemente, movendo as orelhas para a frente e para trás. Não consegui fazer com que ela voltasse para a direção certa. Estava determinado a descobrir o que amedrontara tanto o animal. Desmontei, caminhei pela estrada e vi um curioso animal deitado no meio do caminho. Não consegui identificar o que era. Tinha um pêlo longo e esbranquiçado, semelhante à lã. Bati nele com a bengala e o animal se levantou imediatamente. Vi, então, que era um asno ainda jovem. Um pouco mais adiante encontrei a mãe pastando. Qualquer pessoa supersticiosa, que não se desse ao trabalho de investigar, diria que se tratava de um 'bezerro que vagueia'. Esses exemplos servem para provar conclusivamente que o 'Sr. Bezerro que vagueia' nada mais é do que algum animal doméstico visto à noite; ou um animal que não vemos com freqüência".[166]

Banbury sugere que a palavra usada pelos nativos para designar os animais na verdade significa "rugir" e não "vagar".[167] Mais uma vez devo discordar. Jamais encontrei nenhum elemento que levasse a essa interpretação, em nenhum local na "mata".

No que diz respeito à própria superstição, essa crença no "bezerro que vagueia" está desaparecendo rapidamente na Jamaica. As pessoas da "mata" ainda falam sobre essa figura, mas de um modo que revela descrença e tolerância divertida. Pelo menos, essa é a conclusão a que cheguei depois de diversos contatos pessoais que mantive em diferentes partes da ilha.

Totalmente diferente do *saman*, ou *duppy*, ou fantasma, é o *sasa* ashanti, que, segundo o Capitão Rattray, "é o poder espiritual invisível de uma pessoa ou de um animal, que perturba a mente dos vivos, ou realiza encantamentos ou pratica maldades contra eles, de modo que os indivíduos

---

165. Banbury, l.c., p. 25.
Nota — Segundo a Professora Beckwith, (l.c., pp. 100 e seguintes): "Seja qual for a origem do 'bezerro que vagueia', ele é considerado a forma animal assumida especialmente pelos perigosos 'duppies'. Os praticantes *obeah* enviam os 'bezerros' sobre as pessoas. Assassinos e outros tipos de malfeitores se transformam em 'bezerros que vagueiam' quando morrem, e passam a viver nas raízes dos algodoeiros e em bambus; e também em cavernas e casas desertas, de onde saem à noite para seguir os carregadores de açúcar, pois gostam de melado; ou para atacar currais";
166. Banbury, l.c., p. 26.
Nota — Um escritor no *Chamber's Journal*, 11 de janeiro de 1902, afirma: "O 'bezerro que vagueia'...É um quadrúpede com olhos flamejantes e que traz uma corrente em volta do pescoço. Assim como o lobisomem, ele ataca à noite, e o homem que ele toca, morre. O único modo de escapar — assim dizem os negros — é fincar um canivete no chão e virar as costas para o monstro. Do mesmo modo que mefistófeles afastado pelo sinal-da-cruz, ele não pode avançar, não importando o quão malévolo ele seja".
167. Banbury, l.c., p. 23.

sofrem de várias maneiras. As pessoas que estão sempre tirando vidas devem ser particularmente cuidadosas em se proteger contra a influência do *sasa*; e é entre elas que sua ação se faz sentir com mais força — entre executores, caçadores, açougueiros e, mais recentemente, entre os serradores — que destroem as florestas, cortando as árvores. O remorso que leva um assassino a confessar ou cometer suicídio é explicado pelos ashantis como a ação do *sasa* da vítima sobre seu executor. Nas páginas anteriores mencionei alguns passos que devem ser seguidos para evitar a vingança do *sasa*. O *sasa* é essencialmente o elemento mau, vingativo e danoso em um espírito; é aquela parte que deve ser 'exorcizada' ou tornada ineficaz. Acredito que os ritos fúnebres têm, na verdade, o objetivo de aplacar, satisfazer e libertar uma alma que possa conter esse perigoso elemento em sua composição".[168]

Essa é, substancialmente, a sombra da Jamaica. Contudo, como no caso dos *duppies*, encontramos um elemento material ligado à sombra, na crença generalizada da "mata". Mais adiante mostraremos como em alguns funerais jamaicanos o *sasa*, ou sombra, é "exorcizado" em um cerimonial tão elaborado quanto o dos ashantis.

Ligado ao que conhecemos como Apo Custom, um festival anual entre os ashantis, há uma liberdade satírica que foi assim descrita ao Capitão Rattray "pelo velho alto, sacerdote do deus Ta Kese em Tekiman": "Você sabe que todas as pessoas têm uma *sunsum* (alma) que pode ser ferida, ou derrubada, ou ficar doente, e assim fazer com que o corpo fique doente. Com freqüência, embora possa haver outras causas — como feitiçaria, por exemplo —, a doença é provocada pelo mal e pelo ódio que outra pessoa guarda na mente contra você. Pode ser que você também guarde ódio em sua mente contra outra pessoa, por causa de alguma coisa que ela fez contra você; e isso também faz sua *sunsum* ficar doente. Nossos antepassados sabiam disso, e, portanto, decretaram que uma vez por ano todo homem e toda mulher, livre ou escravo, deve ter a liberdade de falar tudo aquilo que pensa; de dizer aos vizinhos o que pensa deles e de suas ações; e não apenas aos vizinhos, mas também ao rei ou chefe. Quando a pessoa fala livremente, sentirá sua *sunsum* acalmar-se; e a *sunsum* da outra pessoa contra quem ela falou também se acalma. O rei dos ashantis pode ter assassinado seus filhos, e você o odeia. Esse sentimento fez com que ele e você adoecessem. Quando você tem a permissão de dizer o que pensa diretamente a ele, os dois se beneficiam. É por isso que, no passado, quando o rei ashanti ficava doente, ele mandava buscar a rainha do Nkoranza para insultá-lo, mesmo que não fosse a época da cerimônia. Isso fazia com que ele vivesse mais e se sentisse bem".[169]

---
168. Rattray, *Religion and Art in Ashanti*, p.153.
169. Rattray, *Ashanti*, p. 152.

Às vezes eu me pergunto se não foi essa cerimônia que deu origem à prática, ainda em voga hoje na Jamaica, de "lançar palavras à lua." Você pode dizer à lua as coisas mais ofensivas sobre alguém, que pode lhe ouvir, e não ser acusado de difamação — o que aconteceria se as palavras fossem dirigidas diretamente à pessoa. Do mesmo modo, alguém pode chamá-lo de "ladrão" ou "mentiroso"; e se você perguntar o que ele está dizendo, o indivíduo pode responder: "Não é com você. Estou falando com a lua." Isso certamente "acalma a *sunsum*" de quem profere as palavras, que vai embora contente e satisfeito, embora tenha um efeito bem diferente na pessoa contra quem as palavras foram proferidas. Falo por experiência própria.

Os ashantis acreditam que a malignidade contra um indivíduo pode afetar a vítima do ódio, causando doença e até mesmo a morte. É esse poder espiritual da alma, ou como o Capitão Rattray o chamou, "o elemento mau, vingativo e danoso em um espírito", que é conhecido como o *sasa* ashanti ou a sombra jamaicana. Essa é a sua função normal ou natural, independentemente de qualquer cooperação sobrenatural. Acredita-se, porém, que a prática *obeah* pode dissociar o homem vivo de seu *sasa* ou sombra, que por sua vez deve ter alguma entidade com vida própria, independentemente da *sunsum* ou alma.

Além disso, a não ser que pela ação do praticante mialista a vítima dessa interferência *obeah* consiga restaurar sua sombra perdida, ela estará condenada a definhar com resultados fatais.

Por outro lado, quando um homem morre no curso comum dos acontecimentos, seu *sasa*, ou sombra, tende a exigir uma existência independente de sua própria, para perturbar aqueles que continuam vivos, a menos que seja capturado e "exorcizado apropriadamente" no funeral, como veremos no próximo capítulo.

Banbury informa-nos que o ato de privar uma pessoa de sua alma é chamado na Jamaica de "lançar os mortos sobre ela"; e ele explica: "Os nativos acreditam que depois que a alma de um indivíduo é tomada, ele jamais fica saudável; e se a alma não for recuperada, a vítima definhará e morrerá. Quando a alma é tomada, ela é presa no algodoeiro".[170] Claramente, isso é obra do praticante *obeah*.

É tarefa do praticante mialista tentar restaurar a sombra da pessoa. Depois da grande recrudescência mialista que se seguiu à libertação dos escravos, a recuperação das sombras tornou-se quase tão importante quanto o ato de desenterrar *obeah* por parte dos praticantes mialistas que, segundo Banbury, "declararam que o mundo estava chegando ao fim: Cristo es-

---

170. Banbury, l.c., p. 19.
Nota — Isabel Crasntoun Macleal (l.c., p. 30) diz-nos: "Às vezes, alguém consegue que o praticante *obeah* aprisione a sombra de seu inimigo em uma garrafa. Se a garrafa estiver bem fechada, a pessoa terá poder sobre o pobre inimigo e pode fazer o que quiser com ele".

tava voltando, e Deus os havia enviado para retirar todos os *obeahs* e recuperar as sombras que estavam presas nos algodoeiros. Na preparação para tal acontecimento eles eram muito rígidos em sua conduta. Não bebiam nem fumavam. Não eram vistos na companhia de indivíduos de má reputação".

Outra superstição que também está desaparecendo rapidamente na Jamaica é a que diz respeito à *Ole Hige*, um tipo de vampiro que assombra os casebres dos negros ou, às vezes, é visto rondando as estradas à noite, em um brilho ardente. Por muitos anos eu estava convencido de que isso nada mais era do que uma superstição trazida pelos brancos que se mesclou às crenças dos índios, pois *Ole Hige* na verdade significa "velha bruxa"; e quando ela assume seu papel de vampira, na velha crença européia, ela retira a própria pele antes de partir em sua missão. Nesse sentido, encontramos a conhecida história do marido que, suspeitando das nefastas atividades de sua mulher, fingiu estar adormecido e quando ela saiu esfregou sal e pimenta na pele que ela havia retirado. A derrota da bruxa seguiu, assim, o curso natural. Qual não foi minha surpresa, então, ao encontrar a declaração de Christaller referente aos ashantis e ao termo *obayifo*, significando bruxo, mago, feiticeiro: "Os nativos descrevem um mago ou feiticeiro como um homem ou uma mulher que tem algum acordo com o diabo. À noite, quando estamos dormindo, ele (ou ela) se levanta, ou melhor, deixa seu corpo, como uma cobra troca a pele, e sai irradiando chama dos olhos, nariz, boca, ouvidos e axilas. A criatura pode andar com a cabeça no solo e os pés no ar; ele(a) pega e come animais, ou mata seres humanos bebendo o sangue deles ou aprisionando suas almas, que ele(a) ferve e come; e a pessoa morre; ou o ser as morde e elas ficam cheias de feridas".[171]

Em relação à crença jamaicana no *Ole Hige* atualmente, recebemos uma informação pelo Reverendo Banbury: "Essa é outra curiosa criatura, fruto da imaginação, em quem os nativos muito acreditavam e a quem temiam. Ela se deleita com o sangue humano, principalmente dos recém-nascidos. No passado, o 'velho chupador', como a criatura era também chamada, costumava ser vista envolvida em uma chama, vagando pela noite entre as casas dos negros, ou pela estrada, sugando o novo sangue da vida do jovem inocente. Por esse motivo, os recém-nascidos eram vigiados com o máximo cuidado. Essa crença deu origem à tola prática, ainda hoje existente entre o povo da ilha, de guardar a nona noite após o nascimento do bebê. Acredita-se que essa noite seja a mais crítica, pois nela o vampiro tentará de todas as maneiras sugar o sangue da criança. É a noite que antecede 'a saída do quarto', depois que a mãe e o bebê ficaram resguardados na casa durante alguns dias. Nessa noite, uma vigília constante é mantida pela mãe, pela parteira e por amigos. Se a criança escapar na nona noite, não há mais nada a temer. O vampiro não mais molestará o bebê

---

171. Christaller, l.c., p.11.

depois dessa noite. Facas e garfos, e às vezes uma bíblia, são colocados próximos à cabeça do bebê para afastar 'a chama'. As portas são marcadas com giz. Isso faz com que o vampiro passe a noite inteira do lado de fora, contando, até que seja muito tarde para entrar. Algumas vezes sementes de mostarda são espalhadas perto das portas; elas produzem o mesmo efeito. A aproximação do monstro é marcada por uma incomum sonolência e o chamejar da luz. Se aqueles que estão vigiando não resistirem e caírem no sono, a criança pagará o preço. O vampiro entra e suga seu sangue. Assim que isso acontece, o bebê chora e as pessoas acordam assustadas. A criança apresenta as mandíbulas travadas e se recusa a receber o leite materno. O bebê está condenado. A mandíbula travada sempre foi um sinal do ataque do vampiro, e nos tempos da escravidão muitas crianças morreram devido a ele. Sem dúvida, o verdadeiro motivo das mortes era o péssimo tratamento que as escravas recebiam de seus donos quando a criança estava para nascer, e a exposição do bebê após o parto. Havia mulheres que, devido ao rigor da escravidão, utilizavam métodos para abortar — era preferível do que submeter as crianças ao mesmo sofrimento vivido por elas. A coisa mais estranha no que diz respeito a essa superstição é que se acreditava que a criatura era uma pessoa viva. As mulheres que se transformavam no monstro tinham o poder de retirar a própria pele e saíam durante a noite em busca de sangue. Algumas pessoas afirmam que viram a *ole hige* vagando pela noite, tão rápida quanto um raio, com chamas saindo das axilas".[172]

Mais adiante, Banbury fala da *rubba mumma*, ou "mãe rio" jamaicana, que é conhecida no Haiti como *mère de l'eau*, e no Suriname como mama água. Ele diz: "Essa superstição muito provavelmente teve origem nas histórias sobre sereias ou ninfas do mar, trazidas da Inglaterra. Os nativos acreditam que a criatura habita todas as nascentes inesgotáveis ou com grande quantidade de água encontradas na Jamaica. Por essa razão essas nascentes são adoradas, e sacrifícios são oferecidos à *'ruba missis'*. É um fato muito conhecido que os escravos que trabalhavam próximo às águas persuadiam seus senhores a sacrificar um boi à nascente do curso de água que movia os moinhos, em época de seca. Faziam isso para agradar a senhora do rio, pois assim ela mandaria chuva

---

172. Banbury, l.c., pp. 32 e seguintes;
Nota — Na opinião da Dra. Beckwith "*Olé Hige* ainda é uma ameaça às crianças na Jamaica e é devido ao medo de sua visita que elas são protegidas por uma cruz azul na nona noite após o nascimento e uma cruz é colocada na porta das residências; ou grãos são espalhados na entrada. Mas eu não acredito que, além desses casos, seu nome ainda traga muito medo. Ela é a bruxa que troca de pele, do folclore europeu; e é comum a história da criança que vê a bruxa deixar sua pele e, quando ela está fora, queima ou coloca pimenta na pele, para que ela não mais possa usá-la quando retornar. A audiência delicia-se com o grito consternado da bruxa: 'Você não me conhece?'. Igual prazer acompanha o modo que ela tem de contar quando grãos ou arroz são espalhados na entrada da casa ou um X é marcado na janela: 'um, dois, três; e um, dois, três...', repetidamente, porque ela não consegue contar além do número três e tem de voltar ao início. A razão pela qual ela tem de contar os grãos é parte do mistério".

e forneceria água suficiente para girar o moinho. A cada ano um boi era sacrificado com esse propósito".[173]

Nosso primeiro impulso seria concordar com Banbury e reconhecer nessa superstição nada mais do que uma ninfa européia trazida ao cenário das Índias Ocidentais. Porém, uma análise mais profunda leva-me a pensar que se trata de um remanescente do antigo mito ashanti sobre a origem divina da água,[174] bem como um reflexo do que constitui a própria base das crenças teológicas ashantis — a relação de todos os importantes cursos d'água com o Ser Superior, como "um filho de Deus".[175] Pois, como somos informados, "em ashanti, considera-se que as águas, em maior ou menor quantidade, contêm o poder do espírito do Divino Criador e, portanto, são grandes forças de vida. Um sacerdote disse-me certa vez: 'assim como a mulher dá luz uma criança, a água dá luz um deus.'"[176]

Entre os provérbios jamaicanos que se referem aos *duppies* em geral, podemos mencionar os seguintes:

No alfabeto jamaicano temos "D para *duppy*, os olhos brilham como fogo", que poderia muito bem ser uma referência a *ole hige*, em vez de aos *duppies*.

"Homem não morto, não o chame de *duppy*", demonstrando que um *duppy* é uma manifestação pós-morte. Temos aqui o uso da palavra *duppy* em seu exato sentido.

"*Duppy* diz: dia para você, noite para mim", significando que cada pessoa tem um gosto e insinuando a atividade noturna desses "fantasmas".

"Toda caverna tem seu próprio *duppy*"; ou seja, "cada pessoa tem seu próprio problema", mas também indicando a associação dos fantasmas com a escuridão das cavernas.

"*Duppy* sabe quem assustar", que significa: "as pessoas somente ferem aqueles que não podem retaliar". A Dra. Martha Warren Beckwith, Presidente da Sociedade Americana de Folclore, assim parafraseia esse provérbio: "o diabo sabe quem assustar", e define um *duppy* como um fantasma ou espírito do mal de qualquer espécie.[177] Esse, é claro, é o mais extenso uso possível da palavra *duppy*, mas na Jamaica ela é, às vezes, usada com essa conotação.

Este capítulo trata das idéias difundidas na "mata" da Jamaica sobre os fantasmas e espíritos relacionados. O propósito dele é analisar e diferenciar essas crenças; nada mais. Não há a intenção, aqui, de determinar os fatos subjacentes, se houver algum.

O inglês ou norte-americano médio na Jamaica, assim como em outro lugar, desprezaria a crença em fantasmas. Mas quantos deles iriam sozi-

---

173. Banbury, l.c.,p. 35.
174. Rattray, Ashanti, p. 54;
175. idem, pp. 145 e seguintes;
176. idem, p. 146;
177. Martha Warren Becwith, *Jamaica Folk-Lore*, Nova York, 1928, Jamaica Proverbs, 257.

nhos a um cemitério à meia-noite sem assobiar para fortalecer a coragem? Eles podem não acreditar em fantasmas, mas ficam pelo menos um pouco nervosos.

Também estou convencido de que, embora os jamaicanos mais instrudos geralmente protestem em voz alta contra essas tolas superstições, no fundo de seus corações, depois do escurecer, eles demonstram um saudável respeito pelo hábitat do Sr. *Duppy*, senão medo de encontrá-lo. Certamente, na "mata" os *duppies* são aceitos como uma realidade assustadora. Ainda que conseguíssemos provar dogmaticamente que tal entidade não poderia existir, causaríamos pouca impressão nas mentes dos simples filhos da natureza que residem nas montanhas jamaicanas. Pois, como dizem os ashantis: "Se o mundo dos espíritos não possui mais nada, ele pelo menos tem o poder de seu nome".[178]

---

178. Rattray, *Ashanti Proverbs*, 41.

Capítulo 5

Costumes Funerários

Uma das minhas mais queridas lembranças da Jamaica, e que me leva de volta ao final do ano de 1906, já foi descrita em *Whisperings of the Caribbean*. Quando você parte de Falmouth, viajando para o leste e saindo da estrada costeira, a subida leva-o pelas Montanhas Trelawney, e se você tiver a sorte de não perder o caminho, chegará a um local calmo, distante da confusão do mundo, que é chamado apropriadamente de Refúgio.

Ao norte, o campo ondeante, onde se espalham palmeiras e outras árvores tropicais, com áreas de cana-de-açúcar e bananas, estende-se até o azul Caribe.

A pequena igreja da missão, com o teto vermelho e a simples cúpula onde fica o sino, foi construída sobre uma colina pouco íngreme; as paredes caiadas formam um agradável contraste com a cor verde da mata ao redor.

A terra de Deus encontrou seu lugar ao redor da igreja, e já em nossa chegada o sino na cúpula começou a soar. Com uma nota ressonante, melancólica, ele quebra o pacífico silêncio da hora para lembrar com oração a passagem de uma alma. Do vale vem chegando um cortejo fúnebre. O velho João Ferreira está morto. Os filhos da "mata" sempre o chamaram carinhosamente de Marse Marny. Há apenas alguns meses, um missionário visitante escrevera às autoridades nos Estados Unidos acerca desse homem tão querido: "O velho João Ferreira, que mora perto da igreja, é um senhor português de 70 anos de idade, que chegou à Jamaica em 1857, e desde então residiu no mesmo lugar. Apesar da idade, ele ainda é muito forte e sua sólida devoção é reanimadora quando nos encontramos em um ambiente tão peculiar. De certo modo, não pude deixar de pensar sobre Santo Alphonsus Rodriguez quando olhei para o Sr. Ferreira; se foi por sua simplicidade e seriedade combinadas com uma verdadeira santidade do velho mundo, ou o fato de ele ser um viúvo serenamente dedicado a Deus, ou talvez a união das duas coisas, eu não posso afirmar; mas essa foi a impressão que ele me deixou. Olhando para o céu esta noite, após as costumeiras orações da noite e as aulas de catecismo ministradas pelo padre da igreja, os olhos do Sr. Ferreira fixaram-se na constelação de Orion.

Voltando-se para mim e apontando para a linha das três estrelas acima, que fazem parte da constelação, e que estavam quase paralelas ao horizonte, ele disse: 'Em meu país nós as chamamos de Três Marias, e as outras três estrelas perto delas são chamadas os Três Reis. E aquelas duas estrelas próximas, que brilham juntas parecendo uma só, são chamadas Santa Lúcia'. Enquanto ele falava, pude imaginar a paz santificada pela religião que é encontrada em um país verdadeiramente católico; uma paz que esse camponês da Ilha da Madeira não perdeu ao deixar o cenário de sua infância distante".

Assim escreveu o Reverendo Patrick F. X. Mulry, S. J., em 2 de abril de 1906. O que ele não escreveu, entretanto, foi o fato de que por meio século o bondoso Marse Marny conquistara o carinho dos filhos da "mata" por suas doces palavras e pequenos atos de caridade. Assim, com o passar do tempo, ele se tornara não apenas um generoso benfeitor, mas também um amigo gentil e verdadeiro, amado por todos. Por isso, quando o Sr. Ferreira morreu, houve uma profunda tristeza em toda a região. Por toda a "mata" as pessoas consideraram sua morte uma perda pessoal, e todos compareceram ao funeral para apresentar os últimos respeitos a alguém que consideravam tão próximo como se pertencesse à família.

Como um choro de lamentação universal, seu pranto espalhava-se pela montanha. Até mesmo os deficientes físicos e idosos se reuniram em grupos ao longo do caminho por onde o cortejo passaria. As crianças pequenas, sem saber do que tinham medo, inclinavam-se para a frente e escondiam suas cabecinhas nas saias da *nana*, chorando em um ato de simpatia pelas lágrimas que corriam copiosamente dos olhos da inconsolável mulher. A mulher, de uma idade avançada, sentava-se apoiando o queixo nas mãos e olhando, como se nada visse, para o distante Caribe.

Quando o cortejo chegou ao pé da montanha, os grupos de negros, como se estivessem seguindo um sinal précombinado, dividiram-se e formaram duas filas ao longo do caminho. Cada mão segurava um galho de uma árvore das redondezas, e quando o corpo passou, todos os galhos foram agitados ao mesmo tempo, enquanto o emocionante hino era entoado pela multidão em meio a soluços e lamentações: "Adeus, Marse Many; Adeus Marse Many; Adeus Marse Many". Então, quando os últimos ritos foram encerrados e o caixão fora colocado na tumba, os filhos da "mata", em um gesto mudo de afeição, colocaram os galhos sobre o montículo e partiram desconsolados de volta para os campos onde, em suas humildes casas, lamentaram por mais de um dia a perda de seu amado Marse Many.

Assisti a muitos funerais na "mata" desde então, mas jamais vi cerimônia como essa novamente. Foi uma explosão espontânea de amor e gratidão por parte de um povo simples e devotado; e me emocionou profundamente, pois me trouxe de volta a total percepção do verdadeiro espírito da "mata".

Existe a firme convicção de que a morte não é o fim de tudo. A despeito do que a vida particular possa ser, quer a pessoa seja membro de uma Igreja ou não, o fato é que todos se apegam com tenacidade à esperança da vida por vir e pretendem se modificar em um futuro não muito distante. Mas no presente, "eu não posso fazer melhor", e isso é tudo. O visitante crítico observa uma violação do código moral, esquecendo completamente que muito do que parece errado na Ilha das Nascentes pode ser aos olhos de Deus aquilo que os teólogos chamam de pecado material e não formal. Além disso, embora realmente exista algum tipo de maldade, a Jamaica é notavelmente livre de outros males maiores que predominam atualmente no país do homem branco.

Herbert G. Delisser, que conhece tão bem sua Jamaica, afirma com razão: "O homem tropical não é de todo mau. Ele é como os outros homens em qualquer parte do mundo — uma mistura do que é bom e mau, angelical e bestial, falso e verdadeiro. Tem suas virtudes e defeitos, e devemos aceitá-lo como ele é e não esperar perfeição".[179]

O aparecimento do automóvel causou grandes mudanças na Jamaica, trazendo a metrópole para mais perto de todas as regiões da "mata". Novas rodovias abriram áreas que antes eram inacessíveis. Como conseqüência, costumes antigos estão rapidamente desaparecendo e mesmo os funerais na "mata" perderam, nas duas últimas décadas, muitas práticas que remontam não apenas aos tempos da escravidão, mas às origens do povo na distante África.

M. Malte-Brun, falando sobre os negros da África Ocidental, declarou em 1827: "Nos funerais deles, que são acompanhados de uivos e cantos, um tipo muito peculiar de superstição prevalece. As pessoas que carregam o corpo perguntam ao falecido se ele foi envenenado ou enfeitiçado e fingem que recebem uma resposta por meio de um movimento do caixão que, sem dúvida, é produzido por um audaz ilusionista. A pessoa a quem o falecido acusa de tê-lo matado por feitiçaria é imediatamente condenada a ser vendida como escrava".[180]

Em dezembro de 1855, a corveta norte-Americana Jamestow, na época navio-capitânea, visitou a Costa do Ouro, e o capelão do navio, Reverendo Charles W. Thomas, descreve um velório em Elmina: "Quando caminhávamos pela cidade, entramos em uma casa onde havia um corpo — uma das mulheres do morador. As principais pessoas enlutadas, que eram escravas,

---

179. DiLesser, l.c., p. 93.
Nota — As tribos Negras que não foram contaminadas pelos contatos muçulmanos tinham um grau de moralidade que envergonhava os primeiros brancos que travaram relações com elas.
Comparar com J. H. Driberg, *The Lango*, Londres, 1923, pp. 209 e seguintes., principalmente as Notas. Aqui, encontramos a pena de morte aplicada em casos de atos sensuais que são geralmente classificados como "contrários à natureza";
180. M. Malte-Brun, *Universal Geography*, Filadélfia, 1827, vol. III, p. 23.

estavam totalmente pintadas com lama branca, literalmente caiadas, e as outras mulheres do senhorio estavam sentadas no chão de terra da sala, entretendo os visitantes. Perto da mulher morta, e sobre o tapete onde jazia o corpo, estava um prato com arroz e carne de uma ave cozidos, e uma garrafa com um pouco de rum. Eles afirmam que esses alimentos nutrem a pessoa morta durante sua jornada, e que são aceitáveis. Duas velhas senhoras estavam sentadas aos pés do corpo, batendo em um aro de ferro, e duas mulheres dançavam, ao som do instrumento, em um espaço perto da cama... Eu perguntei por meio do intérprete: 'Por que vocês dançam e riem em uma ocasião como essa?' Eles responderam: 'Porque ela foi para um lugar melhor'. Tive de concordar com a afirmação, pois mal posso imaginar um lugar pior do que Elmina. No entanto, pensei sobre o quão forte e profundamente enraizada na natureza humana está a noção de um outro nível de existência. Há poucas tribos na África, se é que encontramos alguma, e nenhuma fora dela, mais depreciada e ignorante do que esse povo e, contudo, embora vagamente, eles acalentam uma das verdades fundamentais de toda a religião".[181]

Em sua descrição dos funerais ashantis, o Capitão Rattray apresenta detalhes consideráveis: "Após o corpo ter sido lavado, vestido e preparado, alguns alimentos são colocados ao lado dele 'para a viagem que o falecido supostamente iniciou'. Esse alimento geralmente consiste em carne de aves, ovos, purê de tanchagem ou batata doce, e água".[182]

"Uma 'vigília' é mantida, noite e dia, até que o corpo seja enterrado. Durante todo o tempo há disparos de armas, batidas de tambores, dança e canto".[183]

"Em relação ao clã e aos parentes, a tristeza e o pesar são reais, pois as lágrimas exigidas pelos costumes sociais são um sinal de genuína mágoa. Para as outras pessoas que não são do clã, tais ocasiões talvez não sejam tão trágicas, e esses ritos podem parecer às pessoas desinformadas demonstrações um tanto insensíveis, pois nelas estão presentes a alegria e o regozijo".[184]

O Capitão Rattray observa: "A simples fé dos enlutados de que tudo o que era dito podia ser ouvido pelo falecido era muito emocionante".[185] Não pude deixar de notar que o mesmo se aplicava ao funeral de Marse Marny na Jamaica.

---

181. Charles W. Thomas, *Adventures and Observations on the West Coast of Africa, and its Islands*, Nova York, 1860, p. 129;
182. Rattray, *Religion and Art in Ashanti*, p. 151;
183. idem, p. 151.
Nota – T. Edward Bowsitch (l.c., p. 364) relata, em relação aos costumes funerários Ashanti: "Os cantos são quase totalmente recitados, e essa é a única parte da música na qual as mulheres tomam parte; elas se unem ao coro, e no funeral de uma mulher, entoam o próprio canto; mas o frenesi do momento provoca uma ensurdecedora mistura de gritos e guinchos".
184. Rattray, *Religion and Art in Ashanti*, p. 158;
185. idem, p. 159;

"As ofertas de alimentos são colocadas em duas mesas baixas, ao lado do corpo, que é informado quando a água é jogada no chão perto dele: 'Aqui está a água, lave suas mãos e coma'".[186]

"Geralmente o corpo é enterrado no terceiro dia. No passado, o enterro acontecia à noite, mas os sepultamentos durante o dia são comuns atualmente".[187]

"Quando o funeral começa, um buraco é feito na parede da casa, e o corpo é removido por essa 'porta improvisada', que depois é fechada para enganar o fantasma se ele resolver voltar para casa".[188]

Quando o corpo está para ser colocado no chão do lado de fora da casa, realiza-se a cerimônia que consiste em abaixar e levantar o corpo três vezes em respeito a Asase Ya, a Deusa da Terra[189], como já mencionamos na Introdução.

Em relação ao provérbio ashanti "o corpo que está vindo para bater (em alguém) não se importa com choros de tristeza",[190] explica o Capitão Rattray: "O costume de 'carregar o corpo' quando a causa da morte é supostamente feitiçaria é realizado de maneira breve. O corpo é colocado em uma maca feita de galhos de palmeira, e cercado de folhas... A maca é então colocada sobre a cabeça de dois homens, que a carregam para a rua. Todas as pessoas se reúnem. O chefe ou líder da vila avança, alfanje na mão, e se dirige ao corpo, dizendo: 'Se eu fui aquele quem te matou com magia, avança e derruba-me'. E todas as pessoas fazem isso até que chega a vez do culpado, quando o corpo então impulsionará os carregadores a frente a fim de derrubá-lo com a maca. Um indivíduo que for acusado desse modo pode pedir uma troca de carregadores".[191]

Em um volume posterior, Rattray retorna ao assunto: "O costume de 'carregar o corpo' é muito conhecido; ainda é praticado algumas vezes. O rito consiste em implorar ao espírito da pessoa morta que ajude os vivos a encontrar o *bayifo* (feiticeiro) que, por magia negra, perpetrou a morte. A pessoa morta faz isso indicando aos 'carregadores do corpo' o indivíduo contra o qual eles devem empurrar a maca".[192]

O Capitão Rattray, a seguir, relata os detalhes de um caso que foi apresentado na corte perante ele, na condição de magistrado: "Uma mulher, quando estava morrendo, declarou que sua morte fora causada por alguém em D. Seus parentes decidiram fazer o teste de 'carregar o corpo', embora isso fosse proibido pela Lei Colonial Britânica. Quando perguntaram ao corpo da mulher quem a matara, os carregadores foram conduzidos

---

186. idem, p. 159;
187. idem, p. 190;
188. idem, p.160;
189. Rattray, *Ashanti Proverbs*, 77;
190. Rattray, *Religion and Art in Ashanti*, p. 167.
191. idem, pp. 167 e seguintes;
192. idem, p. 170.

até uma certa casa e bateram com a maca em um homem a quem chamaremos de A. Usando seu direito, A. exigiu uma troca de carregadores e sugeriu que seus dois filhos fizessem o trabalho. Assim foi feito. Mas novamente o corpo foi até sua casa e o derrubou. Naquela noite, ele fugiu para a 'mata' e cometeu suicídio.

"Não precisamos repetir a história narrada pelos dois primeiros carregadores, que poderiam ter alguma hostilidade contra A.; mas a evidência apresentada pelo testemunho de seus dois filhos é uma questão importante. O primeiro filho declarou: 'Carregamos o corpo na cabeça; de nosso quintal até a rua. Eu o apoiava pela cabeça, e meu irmão, pelos pés. Quando chegamos à rua, meu pai questionou o corpo. Quando isso aconteceu, senti meu corpo todo tremer; eu estava fraco como se um grande peso tivesse sido colocado sobre mim. O corpo puxou-me para trás e, de repente, empurrou-me para a frente... Meu pai repetiu a pergunta duas vezes'. Interrogado pelo juiz se ele desejou jogar o corpo contra o pai, o rapaz respondeu: 'Ele é meu pai e eu nunca desejaria fazer isso... eu sabia que ia derrubar meu pai, mas não pude evitar. Sabia que, se o corpo batesse em meu pai, ele seria morto. Não pude evitar. Eu tentei, mas não consegui'".[193]

Retornemos agora à descrição geral do funeral ashanti, dada pelo Capitão Rattray:

"Antes de a cova ser cavada, uma oferta é colocada no local, acompanhada das seguintes palavras:

'Deusa da Terra, receba este vinho e beba;
'Seu(sua) neto(a) (o nome da pessoa) morreu;
'Imploramos sua permissão para cavar uma cova neste lugar.'[194]

"Toda a comida que estava ao lado do corpo é colocada na cova com ele".[195]

"O vinho é colocado na tumba, com as palavras: '(Nome da pessoa), aqui está o vinho de sua família, não deixe que nenhum de nós que o carregou passe mal'. Todos bebem vinho. Então, voltam para casa; quando chegam à vila, um dos homens do clã traz água e todos se lavam, não apenas as mãos e os pés, mas também as enxadas e outras ferramentas usadas no sepultamento. Continuam a dançar, cantar e beber até que a total exaustão os leva de volta para casa".[196]

No sexto dia, "o fantasma pára a terra dos espíritos".[197] No oitavo dia, há danças novamente. Outras celebrações acontecem no décimo quinto, quadragésimo e octogésimo dias, e também no aniversário da morte.[198]

---

193. idem, p. 170;
194. idem, p. 161.
Nota — como veremos adiante, esse uso Ashanti da palavra "buraco" significando um túmulo ainda existe na Jamaica, onde todos os religiosos logo se familiarizam com o pedido: *"Te imploro um buraco, senhor!";*
195. Ratrray, Religion and Art in Ashanti, p. 163;
196. idem, p. 163.
197. idem, p. 165 e seguintes;
198. idem, p. 166;

O Capitão Rattray chama nossa atenção para o seguinte fato: "Na África, a dança tem um significado religioso. É um acompanhamento indispensável em todos os ritos funerários".[199]

J. B. Danquah informa-nos que nos funerais akan "ninguém canta por meia hora sem beber. Tanto em casa quanto no local do sepultamento as bebidas são servidas em grande quantidade".[200]

Estudemos agora se as cerimônias funerárias foram mantidas pelos descendentes dos ashantis na Jamaica durante a época da escravidão.

Um dos primeiros registros de que temos conhecimento é o de Charles Leslie, que foi publicado em 1740. Assim ele descreve os funerais dos escravos: "Quando o corpo é carregado para a cova, é acompanhado por uma multidão que o conduz de uma maneira um tanto absurda. Eles cantam por todo o caminho, e aqueles que o carregam nos ombros param em cada porta pela qual o cortejo passa, fingindo que, se o falecido sofreu qualquer dano, o corpo move-se em direção à casa da pessoa que o prejudicou. Quando o cortejo chega ao túmulo, que geralmente é localizado em alguma savana ou planície, eles abaixam o caixão e, se as circunstâncias permitirem ou se o falecido for alguém muito amado, sacrificam um porco em sua honra; todos contribuem para as despesas desse sacrifício, que é realizado da seguinte maneira: o parente mais próximo do falecido mata o animal, as vísceras são enterradas, os quatro quartos são divididos e com eles se faz uma espécie de sopa, que é colocada em um cabaço. Depois de agitado três vezes, o cabaço é colocado no chão. Então o corpo também é colocado no chão; e durante todo o tempo em que é coberto por terra, os acompanhantes gritam de um modo terrível, não em tristeza, mas em alegria; eles tocam seus tambores de madeira, e as mulheres fazem um barulho horrível com seus chocalhos. Depois que a cova está coberta, eles colocam o recipiente com a sopa na altura da cabeça e uma garrafa de rum aos pés. Ao mesmo tempo, uma bebida fria é servida a todos os presentes. Uma metade do porco é queimada enquanto eles estão bebendo, e a outra é deixada para qualquer pessoa que queira levá-la. Retornam cantando à cidade, ou à plantação; e a cerimônia termina".[201]

---

199. idem, p. 184;
200. J. B. Danquah, l.c., p. 234.
201. Charles Leslie, l.c., pp. 308 e seguintes.
Nota — Sir Hans Sloane, *Natural History of Jamaica*, Londres, 1707, vol. I, Introdução, p. xlbiii, escrevendo a partir de observações pessoais já reportara anteriormente: "Os negros vindos de alguns países acreditam que eles retornam ao país de origem quando morrem na Jamaica e, portanto, não se importam com a morte, imaginando que, assim, mudarão sua condição de servos a homens livres; e por essa razão freqüentemente cortam a própria garganta. Quer morram dessa forma ou naturalmente, seus conterrâneos entregam-se a profundas lamentações, choros e gritos quanto à sua morte, e nos funerais colocam rum e provisões sobre os túmulos, para servi-los no outro mundo. Às vezes, essas provisões são enterradas em cabaços; às vezes, jogadas sobre os túmulos".

Durante a segunda metade do século XVIII, quando a escravidão atingiu o auge na Jamaica, Edward Long escreveu o seguinte relato sobre os hábitos dos escravos: "Todo enterro é uma espécie de festival, em que a maior parte da comunidade assume um ar de contentamento e despreocupação e, acompanhada por cantos e danças e instrumentos musicais, conspira para aliviar a tristeza dos enlutados. O canto é repleto de elogios ao falecido, com esperanças e desejos para sua felicidade na nova vida. Às vezes, os carregadores do caixão, se o levam na cabeça, fingem que o corpo não seguirá para a tumba, a despeito de todo o esforço que fazem para levá-lo para a frente. Então, eles seguem para as cabanas até chegar a uma cujo dono causou algum dano ao morto, ou não era apreciado por ele. Eles proferem algumas palavras de indignação em nome da pessoa morta e batem no caixão, tentando acalmar o corpo. Depois de muita persuasão, ele se torna mais tranqüilo e indica aos carregadores que eles podem prosseguir, levando-o ao local de repouso. Em outras ocasiões, o corpo revela total aversão a ser carregado na cabeça, preferindo os braços; não desiste facilmente da disputa até que os carregadores façam a sua vontade. Após o corpo ser enterrado, um pouco de terra é jogado sobre o túmulo. Algumas pessoas pegam um pouco dessa terra, ficam de costas para o túmulo e nele jogam, por entre as pernas, a terra retirada. Eles fazem isso para impedir que a pessoa morta os siga até em casa. Quando a pessoa morta é uma mulher casada, o marido deixa a barba por fazer e negligencia sua roupa por um mês. Após esse período, ele segue com alguns amigos para o local onde a ex-mulher foi enterrada e, juntos, eles cantam afirmando que a falecida agora desfruta de total felicidade e contentamento, e que eles estão reunidos para regozijar esse estado de alegria em que ela se encontra e para cumprir os últimos compromissos de dever e amizade. Então, eles jogam uma considerável quantidade de terra sobre o túmulo, e a cerimônia termina com danças, bebidas e comidas. Depois da cerimônia, o viúvo, ou viúva, tem a liberdade de se casar novamente quando desejar, pois o tempo de luto está encerrado".[202]

---

202. Edward Long, l.c., vol. II, p. 421.
Nota — Descrevendo os funerais koromantis, que ele testemunhara na Jamaica, Bryan Edwards, l.c., vol II, p. 850, relatou: "Nos funerais daqueles indivíduos que eram respeitados enquanto vivos, as pessoas demonstram um tipo de dança pírrica, ou de guerra, na qual os corpos são fortemente agitados devido a corridas, saltos e pulos, com muitos gestos violentos e frenéticos e contorções. Suas canções fúnebres também são sobre feitos heróicos ou de caráter marcial" – ele mencionou anteriormente que as canções dos eboes são suaves e lânguidas, enquanto as dos koromantis são heróicas e marciais – confirmando a noção de que os negros consideram a morte não apenas uma bem-vinda e feliz libertação das calamidades das condições em que se encontram, mas também um passaporte para a terra natal; que, além de libertá-los da escravidão, leva-os de volta à companhia de seus entes queridos, há muito tempo perdidos, na África. Mas receio que essa noção, como muitas outras crenças européias referentes aos negros, seja sonho de poesia; a solidária efusão de uma imaginação criativa ou muito crédula. Após relatar o medo que os negros têm da morte, ele continua: " Podemos concluir, portanto, que as cerimônias e cantos fúnebres deles são geralmente nada mais do que a dissonância da barbaridade e da revolta selvagens; tão distante da acalentada superstição a eles atribuída quanto dos

O Reverendo William James Gardner, ao descrever os modos e costumes prevalecentes na Jamaica antes das lutas antiescravidão, que começaram em 1782, declara: "As cerimônias fúnebres guardam alguma semelhança com os velórios irlandeses. Realiza-se uma festa, com cantos, batidas de tambores e danças. O caixão geralmente é carregado na cabeça e, às vezes, o corpo recusa-se a prosseguir por algum motivo. Talvez, alguma pessoa que desagradasse ao morto precise ser visitada e repreendida, para que o espírito do falecido possa partir em paz. O espírito parece se acalmar mais rapidamente se a pessoa acusada for generosa em sua oferta de rum.

---

sóbrios ditames de uma tristeza racional". O Reverendo James M. Phillippo, um missionário batista com vinte anos de experiência na Jamaica, em *Jamaica, its Past and Presente State* (Londres, 1843, pp. 244 e seguintes), no que diz respeito aos escravos, relata: "Suas práticas em funerais eram antinaturais e extremamente revoltantes. Assim que o espírito deixa o corpo de um parente ou amigo, os gestos mais selvagens e frenéticos são manifestados, acompanhados de batidas de tambores e cantos. No percurso até o túmulo, os carregadores, freqüentemente bêbados, realizavam as manobras mais estranhas e ridículas. Algumas vezes eles paravam repentinamente, encostavam os ouvidos no caixão, como se estivessem ouvindo algo, fingindo que o corpo era dotado do dom da fala – e que ele estava zangado e desejava ser acalmado; portanto, dava instruções para uma distribuição diferente de sua propriedade, ou se recusava a seguir para o local do enterro até que algumas dívidas lhe fossem pagas, alguma calúnia imputada a seu nome fosse retirada, algum roubo confessado, ou até que eles (os carregadores) recebessem novas doses de rum; e para mais eficazmente enganar a multidão, os carregadores fingiam responder às perguntas do morto, ecoar seus desejos, voltar apressadamente com o caixão, ou jogá-lo de um lado para outro na rua. Com freqüência, sob a alegação mais trivial, eles deixavam o caixão na porta, ou na casa de um devedor ou vizinho, indiscriminadamente; e resistiam a qualquer tentativa de removê-lo, até que suas supostas exigências fossem atendidas. Nas grandes propriedades rurais, essas cerimônias eram geralmente realizadas de uma maneira ainda mais revoltante. Elas aconteciam à noite, à luz de tochas, entre batidas de tambores, danças, cantos, bebedeiras e debocheiras. O caixão era geralmente apoiado na cabeça de dois carregadores, precedidos por um homem que carregava uma bandeira branca. O grupo era seguido por uma multidão embriagada. Eles iam a cada casa da vila dos negros, ostensivamente para 'dar adeus', mas na verdade com intenções de cometer exação e fraude... O corpo era depositado no túmulo e parcialmente coberto com terra; os acompanhantes completavam o enterro (por algum tempo) jogando terra atrás deles, para impedir que o morto os seguisse até em casa. Os últimos ofícios tristes eram geralmente encerrados com sacrifícios de aves e outros animais domésticos, que eram destroçados e os pedaços espalhados pelo túmulo, junto a abundantes ofertas de sangue e outros ingredientes, acompanhadas ao mesmo tempo que as mais violentas e extravagantes demonstrações de tristeza: batiam os pés, arrancavam os cabelos, batiam no peito, vociferavam e manifestavam os mais selvagens e frenéticos gestos. No entanto, assim que o grupo voltava à casa dos amigos ou parentes, todos os sinais de tristeza desapareciam; 'os tambores soavam novamente com uma batida alegre, os cantos tornavam-se mais animados, danças e festividades começavam e a noite era passada em festa e confusão." Se a pessoa falecida fosse uma mulher, o marido negligenciava, por um mês, suas roupas e aparência. Ao encerrar esse período, ele seguia com alguns amigos para o túmulo, levando diversos tipos de alimento; e entoava uma canção cumprimentando a mulher morta por sua conquista de total felicidade. Com isso, as obrigações mútuas terminavam. Cada membro do grupo expressava suas lembranças à pessoa morta, abençoavam sua família, prometiam retornar em breve e cuidar dos filhos dela; e despediam-se com afeição da mulher morta. Uma quantidade adicional de terra era jogada sobre o túmulo, e as pessoas dividiam o repasto que levaram consigo, concluindo a cerimônia com danças, cantos, vociferação, considerando a morte como um bem-vindo alívio das calamidades da vida e um passaporte para as nunca esquecidas cenas de sua natividade".

"Algumas vezes, o corpo fica insatisfeito com o modo como está sendo transportado e alguma mudança deve ser feita. Quando, finalmente, o corpo chega à cova, o caixão é colocado lá, e sobre ele são deixados alimentos cozidos sem sal. Ao cobrir o caixão, os participantes geralmente dão as costas para a cova e jogam terra sobre ele, por entre as pernas. É um modo infalível de impedir que o espírito retorne com eles para casa. Às vezes, o espírito é pego em uma caixa, especialmente preparada para isso, que é enterrada após algumas cerimônias. O viúvo, ou viúva, deve apresentar uma aparência descuidada por algumas semanas; mas quando se cansa de estar sozinho(a), ele(a) cozinha uma ave e a leva, junto com o caldo, ao local da sepultura. Alguns amigos o(a) acompanham, quer por solidariedade ou apenas para passar uma tarde agradável. Eles entoam uma canção demonstrando confiança na felicidade da pessoa que morreu. Joga-se terra na tumba, com um pouco das provisões. O restante da comida é dividido entre os participantes. Retornam para casa cantando e dançando e, depois, deixam o viúvo, ou viúva, sozinho(a) para escolher uma nova companhia. Contudo, nenhuma oferta propiciatória podia impedir que o falecido, algumas vezes, rompesse as amarras. Por isso, todo negro treme à simples menção dos *duppies* — fantasmas da região norte. Ainda hoje, entre os ignorantes, quando um corpo é preparado para o sepultamento, vestido com um conjunto completo de roupas, os bolsos são freqüentemente retirados, para evitar que o *duppy* os encha de pedras e perturbe os vivos quando voltar. Por nove dias, a sala onde a morte ocorreu não é perturbada, e uma vela é deixada acesa durante toda a noite. Pequenas coisas às quais a pessoa que morreu estava acostumada, como água para lavar os pés, etc., também são colocadas na sala. Freqüentemente prepara-se comida, e se um corajoso, mas faminto membro da família devora os alimentos em segredo, o apetite do *duppy* será motivo de comentários".[203]

---

203. Gardner, l.c, p. 186.
Nota — Matthew Gregory Lewis, mais conhecido como "Monk" Lewis, registrou em *Journal of a Wes India Proprietor* (Londres, 1834, p. 79), na data de 13 de janeiro de 1816: "Os negros são sempre enterrados em seus próprios jardins, e muitas cerimônias estranhas e fantásticas são observadas nessa ocasião. Se o corpo for o de uma pessoa adulta, eles o consultam sobre como carregá-lo de modo que o agrade; e tentam seguir por vários caminhos, sem sucesso, antes de escolher o correto. Até que isso seja feito, eles cambaleiam sob o peso do caixão, lutam contra sua força, que os arrasta em uma direção diversa àquela que os carregadores pretendem seguir; e, às vezes, durante a luta, o caixão salta dos ombros dos carregadores. Mas se qualquer pessoa acelerou a morte do indivíduo, como parece ser o caso freqüentemente, o corpo recusa-se a seguir qualquer outro caminho além daquele que passa pela casa da pessoa suspeita; e assim que se aproxima da casa, nenhum poder humano é capaz de persuadi-lo a seguir em frente. Como os negros são extremamente supersticiosos e têm muito medo de fantasmas (a quem chamam de 'duppy'), eu me pergunto por que eles decidem enterrar seus mortos nos próprios jardins; mas acabo entendendo o argumento de que eles temem apenas os 'duppies' dos inimigos, mas não têm razão para ter medo daqueles que os amavam durante a vida. Mas os 'duppies' dos adversários são seres perigosos, igualmente fortes durante o dia e à noite; e que não apenas são espiritualmente poderosos, mas podem agredir qualquer pessoa fisicamente, se acharem apropriado e tiverem uma boa oportunidade".

Mais tarde, quando o Reverendo Gardner relata os modos e costumes do período imediatamente anterior à libertação dos escravos, no início do século XIX, ele afirma: "Algumas mudanças ocorreram no modo de conduzir os funerais, comparado ao descrito em um capítulo anterior. Quando uma pessoa de uma certa importância morria, fazia-se preparações para um velório. Se a família não podia arcar com a despesa, os organizadores distribuíam pratos, envoltos em crepe preto, de casa em casa, e as doações eram coletadas. A falta de contribuição era considerada um ato de excessiva avareza. Todos os que desejassem ir ao velório eram bem-vindos. Era uma grande oportunidade para fofocar, comer e beber muito. Alguns hábitos semelhantes aos que descrevemos anteriormente prevaleciam.

"A cerimônia de pegar a sombra do morto era geralmente realizada com muita excentricidade, e quando era declarada terminada, a sombra era colocada em pequeno caixão e cuidadosamente enterrada. Depois disso, não havia mais receio de que o *duppy*, ou fantasma, causasse problemas".

"Mesmo assim, o falecido ainda não podia partir calmamente para o local de repouso, a menos que todas as questões importantes fossem resolvidas. Os amigos ou parentes que carregavam o caixão com freqüência recebiam algum sinal, cuja natureza era conhecida por eles, e então, encostando os ouvidos no caixão, alegavam interpretar as palavras do morto, que, aparentemente, ainda não perdera o dom da fala. Calúnias proferidas a respeito dele, ou danos que lhe foram causados, eram agora publicamente revelados. Geralmente, pedia-se ao corpo que proclamasse o nome de seus devedores; os credores eram invariavelmente esquecidos. Infeliz era aquele que devesse qualquer coisa ao falecido. Independentemente do esforço sobre-humano que os carregadores pareciam fazer, o corpo era obstinado, insistia em parar à porta do devedor. Um credor vivo é sempre um visitante inoportuno. Mas o que se pode fazer a respeito de um credor morto? Um caixão à porta, que nenhum poder na face da terra pode retirar até que a dívida seja paga, é talvez um dos modos mais desagradáveis já imaginados de forçar o pagamento e, via de regra, o mais eficaz. Contudo, às vezes o corpo não era honesto; a alegada dívida já fora paga; e então era espantoso como o caixão do reclamante ficava leve; e os carregadores podiam seguir rapidamente seu caminho.

"Em 1831, os funerais noturnos foram proibidos por lei: os donos de escravos que os permitissem estavam sujeitos a uma multa de 50 libras, e os escravos que participassem da cerimônia seriam condenados a 39 chicotadas. No início do século, os sepultamentos noturnos eram muito comuns. As cenas vistas nessas ocasiões eram extremamente selvagens, embora raramente testemunhadas por pessoas brancas, e ainda assim em segredo. Um ou mais negros tocavam o *goomba*; e outro, em intervalos, soprava um instrumento em forma de chifre, feito de conchas; outro recitava, sozinho, um estranho lamento fúnebre, geralmente fazendo referência ao retorno do indivíduo que falecera à África, enquanto um grupo, sentado em um círculo, fazia o coro. Esses cantos melancólicos eram, usualmente, entoados à noite, e o caixão não era colocado na cova até o nascimento da estrela da manhã. Os participantes colocavam alimentos, que consistiam em carne de porco, batata-doce, rum, etc., sobre o caixão, para serem consumidos pelo falecido em sua longa viagem pela água azul até a terra natal. Mais recentemente, a cerimônia passou a ser realizada com mais diligência, e quando o funeral termina e após alguns cânticos serem entoados, todos voltam para casa e passam a noite em um banquete acompanhado de música".[204]

Embora tais práticas nos pareçam absurdas atualmente, devemos lembrar-nos de que todas faziam parte de um complicado sistema de crenças religiosas e que jamais houve qualquer menção à feitiçaria em todo o processo.

De acordo com a visão animista dos ashantis, em toda a vida animal e vegetal há um elemento espiritual que pode conservar o espírito do homem após sua morte, do mesmo modo que a parte material fora assimilada no processo comum da digestão, durante a vida. Em uma extensão dessa idéia, acreditava-se que o espírito da pessoa morta poderia obter sustento da comida deixada na cova, pois nenhuma mudança substancial fora causada durante o processo de cozimento.

---

204. Gardner, l.c., pp. 386 e seguintes.
Nota — J. Stewart, que relatou condições vistas por ele na Jamaica em 1823, menciona um incidente engraçado. (*A View of the Past and Present State of the Island of Jamaica*, p. 276): "Um negro que estava para ser enterrado em uma das cidades tinha o direito a receber, de outro negro, uma quantia em dinheiro. Pelo menos era isso que os amigos do falecido alegavam. O suposto devedor negou tal alegação e, durante o funeral, as cerimônias costumeiras ocorreram diante da casa do devedor; e continuaram por horas, até que os magistrados resolveram intervir e compeliram o defunto a esquecer a dívida e prosseguir calmamente até o local de seu repouso". Cynric R. Williams, que visitou a Jamaica no mesmo ano (1823), relatou em *Tour through the Island of Jamaica*, Londres, 1826, pp. 104 e seguintes: "Eu não participei do funeral, pois achei que minha presença não seria bem-vinda, mas meus dois lacaios faziam parte do grupo; e Ebenezer, como eu suspeitava, não perdeu essa excelente oportunidade de tentar edificar seus irmãos e mostrar seu progresso em conhecimento religioso. Ele fazia objeções à bárbara cerimônia que consistia em jogar uma ou mais sobre o túmulo; e disse que as batatas-doces que foram enterradas junto com o corpo não pertenciam àquele lugar mais do que um porco pertenceria ao jardim do Gibna (governador). O genro do falecido descreveu a cerimônia para mim; ou melhor dizendo, descreveu o discurso de Ebenezer na ocasião, que tentarei relatar em suas palavras. O corpo foi enterrado sob a luz da lua, com a ajuda de tochas, e de acordo com o costume dos negros; mas Ebenezer, vendo que a cerimônia terminaria, chamou a atenção para saber se eles não iriam 'ler sobre ele e se não iriam salvar sua alma'. Os negros disseram-lhe que ele poderia ler se assim desejasse. Ele tirou um livro do bolso e o segurou de cabeça para baixo (o que não fez diferença, pois ele não sabia ler) e começou a falar: 'Amados, estamos aqui reunidos porque é horrível entre todos os homens não ter prazer naquilo que é temerário, luxúria, como mulas embrutecidas, que não tem entendimento. Quando o homem é enterrado, ele não venera mais nenhum corpo; e que sua alma possa ir para o céu em toda a glória. Para que lutar com as feras selvagens em Feesus? Levantem-se todos e comam e bebam, porque morremos ontem, não amanhã. Por que demonstrar tristeza? Quem batiza vocês e lhes dá a vitória sobre a carne débil? Velho Adam, amados! — ele é enterrado quando criança e o novo homem se levanta quando está velho. Irmãos, vocês vêem o miserável Dollar — ele não é cristão, ele não é judeu, não é missionário, não é turco, na verdade. Vocês o vêem rir (Abdallah negou isso) — quando ele vai para o inferno para morrer e os vermes não podem comê-lo. Irmãos, todos os cristãos — brancos e negros, todos de uma cor — jambo e mulato —, nenhum homem é maior que o outro. Então, irmãos, que o Todo-Poderoso leve o homem morto e boa-noite!'

Até a interferência do homem branco no sentido de impedir essas cerimônias, os ritos funerários dos reis ashantis eram extremamente elaborados.[205] O que passou a ser considerado "desejo de sangue", com o aparente assassinato indiscriminado das vítimas, era na verdade uma conseqüência natural de uma doutrina aceita que se referia à vida após a morte. Segundo o Capitão Rattray, "era dever daqueles que permaneciam na terra garantir que o rei entrasse no mundo espiritual com um séqüito digno de sua alta posição. As mortes consistiam o último serviço e homenagem prestados ao morto".[206]

Do mesmo modo, algumas das esposas mais recentes dos reis eram estranguladas para que pudessem servir "ao marido na jornada por ele iniciada".[207]

Com o mesmo objetivo, alguns animais eram sacrificados nos ritos; assim seus espíritos seguiriam o da pessoa morta.[208] De acordo com a crença ashanti, até mesmo as "árvores e plantas em geral têm sua própria alma que sobrevive após a 'morte'",[209] e é esse elemento "espiritual" que sustenta a alma do homem em sua jornada para a terra dos fantasmas.

Durante o século que se passou desde a abolição da escravatura, é surpreendente a quantidade de costumes funerários transmitidos a nós, pelo menos em uma forma modificada.

A explosão do emocionalismo mialista que se seguiu à libertação dos escravos, de modo geral, rendeu-se a um desejo urgente dos ex-escravos em se ligar a uma Igreja, e eles se apressaram em se "tornar membros" desta ou daquela congregação já estabelecida.

No entanto, havia muitos que ainda se sentiam atraídos pelas antigas influências mialistas que rapidamente se desenvolviam em uma recrudescência moderna. Ainda hoje, é fácil distinguir de todos os outros grupos religiosos da Jamaica esses agitados fanáticos emocionais, que são identificados pelo ritmo peculiar de suas canções e pelo grotesco movimento dos quadris que caracteriza seu jeito de andar. Vestidos de branco e formando uma única fila, eles desfilam pelas ruas antes de elevar os espíritos ao grau apropriado de êxtase, em preparação para o "serviço" que virá a seguir.

É claro que na "mata" toda essa excitação preliminar é desnecessária. Lá eles simplesmente vivem a vida de suas tendências mialistas. Quan-

---
205. Rattray, *Religion and Art in Ashanti*, pp. 104 e seguintes;
206. idem, p. 106;
207. idem, p. 108;
208. idem, p.2.
209. idem, p. 2.
Nota — W. D. Weatherford, *The Negro from Africa to America* (Nova York, 1924, p. 45), oferece a seguinte sugestão quanto ao ponto de vista africano sobre o alimento oferecido aos espíritos: "Quando um homem morre, seu espírito se une à inumerável companhia dos espíritos que estão em nosso mundo, ao nosso redor. O espírito precisa do alimento e de cuidado, tanto quanto precisava em sua encarnação humana, exceto que agora ele apenas consome a essência do alimento, deixando a parte material, que é ingerida pelos nativos."

do os encontramos na rua, temos o impulso de questionar sua sanidade mental; e se o observarmos enquanto trabalham, há uma alegria peculiar que se mostra no brilho dos olhos e na tensão nervosa de sua fala. E é nessa exuberância mialista de espírito, que descende diretamente das antigas crenças e práticas ashantis, que, naturalmente, os costumes funerários do passado foram mais ou menos preservados até hoje na Jamaica.

Desses centros de revivificação mialista, espalhou-se uma recrudescência dos antigos costumes funerários que nunca deixaram de encontrar adeptos entre os supersticiosos da "mata", como conseqüência da crença persistente em *duppies* e sombras. As Igrejas têm feito o máximo para erradicar o que para elas parece ser um remanescente do Paganismo. Os membros das Igrejas condenam abertamente essas práticas, embora eu receie que alguns deles participem secretamente do "exorcismo de uma sombra". Mas entre a grande maioria daqueles que admitem "sigo sua igreja, mas não me converti a ela", não há a menor crise de consciência em participar de um velório moderno na "mata" jamaicana, não importando quais práticas supersticiosas venham a ser introduzidas.

A Professora Martha Warren Beckwith, do Vassar College, realizou um estudo crítico sobre as condições na Jamaica. Como resultado de quatro visitas à ilha, entre 1919 e 1925, ela chegou a algumas conclusões definitivas. Em seu maravilhoso livro *Black Roadways*, com o subtítulo *A Study of Jamaica Folk Life*, ela abre o capítulo sobre "O enterro dos Mortos" com as seguintes palavras: "Todos os atos ligados ao enterro dos mortos são baseados em uma crença no poder contaminador da morte e, particularmente, na contínua animação dos mortos e na capacidade deles de retornar e perturbar os vivos, a menos que algumas precauções sejam tomadas para enterrá-los apropriadamente. Por isso, o medo mantém vivo até hoje muito do folclore que cerca os ritos para os mortos. Na preparação do corpo, dois homens o lavam 'trabalhando um de cada lado, da cabeça aos pés, e ao mesmo tempo...'. Deve-se tomar o cuidado de costurar ou cortar os bolsos das roupas dos homens, evitando que os fantasmas voltem com os bolsos cheios de pedras e firam os vivos. Todos os botões devem ser cortados e as roupas devem ser costuradas, ou presas com alfinetes. Após vestir o corpo, duas ou mais pessoas o erguem e abaixam três vezes antes de colocá-lo no caixão.[210] Para impedir que os mortos voltem para assombrar ou ferir alguma pessoa da família, nenhum membro dela deve esquecer de dizer adeus, e os amigos vão até a casa para fazer a mesma coisa.[211] Mas as lágrimas não devem cair sobre o corpo, ou o fantasma retornará para assombrar a pessoa que as derramou.[212]

"Acredita-se que o morto retornará e assombrará (como em um pesadelo) aquele que o prejudicou. 'Nenhum negro morre de morte natural',

---

210. Martha Warren Beckwith, *Black Roadways*, Chapel Hill, 1929, p. 70.
211. idem, p. 71;
212. idem, p. 71;

afirma um antigo residente da ilha, e todas as evidências obtidas com a população de modo geral confirmam essa afirmação. O negro jamaicano acredita firmemente que toda morte ocorrida antes que o tempo de vida atribuído a cada um esteja terminado não se deve a causas naturais e sim à obra de um espírito maligno enviado por algum inimigo. Quando a suspeita de que algo está errado é muito forte, a família sugere ao corpo nomes de indivíduos que poderiam ter causado sua morte, e, escondendo uma faca afiada, uma lâmina ou um *shilling* em sua roupa, dizem: 'Faça seu trabalho!' Ou embrulharão um pouco de piaçava em um pano branco e dirão: 'Vá varrer o quintal!', uma ordem que significa incluir toda a família do assassino na horrível vingança".[213]

"O corpo deve ser carregado com os pés à frente, 'como um homem anda', e sair pela porta da frente; 'se você o retirar pela porta de trás jamais o manterá fora de casa'.[214]

"Uma crença muito antiga refere-se ao hábito de cobrar dívidas sérias enquanto o corpo é levado para a cova. O caixão indica quem são os devedores, pelo peso ou batendo contra alguma coisa... Se o assassino ajuda a carregar o caixão, será impossível movê-lo. O mesmo acontece se os carregadores tentarem levá-lo para um local onde o falecido não deseja ser enterrado.[215]

"Quando o fantasma volta para assombrar os vivos, é aconselhável 'plantá-lo' para que ele não possa retornar. Certas técnicas são usadas para 'manter o fantasma embaixo da terra'. A mais comum é plantar 'ervilhas de pombo' na cova, pois quando as raízes crescem para baixo elas impedem que o fantasma siga na direção oposta. No extremo oeste da ilha, os nativos fervem as ervilhas, e assim como as ervilhas não podem rolar pelo chão, o espírito permanecerá no solo: as ervilhas 'mantêm-no debaixo da terra'. Outras precauções são tomadas dentro de casa para afastar o espírito. Assim que o corpo for retirado, a sala deve ser completamente varrida; uma prática que é chamada de 'varrer o morto'. A vasilha com a água utilizada para lavar o corpo, que fora colocada debaixo da cama enquanto ele ainda estava na sala, deve ser levada até a cova e lá esvaziada completamente. Alguns dizem que a água deve ser jogada no caixão quando o corpo está deixando a casa. Todos os espelhos da casa devem ser cobertos para que nenhuma pessoa viva tenha sua imagem refletida, ou ela morrerá. Alguns dizem que a água e uma luz devem ser deixadas na sala por nove noites e nada deve ser tirado do lugar, mas a vasilha com água deve ser cuidadosamente esvaziada a cada manhã. Outros afirmam que não se deve deixar a água na sala. Outros, ainda, colocam água e comida no túmulo. Após um período de tempo apropriado é recomendável arrumar a sala, trocando a posição dos móveis, caiando as paredes, e até mesmo mudando a posição

---
213. idem, p. 73;
214. idem, p. 74;
215. idem, p. 75.

da porta, de modo que, quando o fantasma retornar, ele pensará que veio à casa errada.[216]

"Os negros jamaicanos acreditam que por nove noites depois da morte o fantasma se levanta da sepultura e retorna aos lugares que lhe são familiares. Outros dizem que ele 'se levanta no terceiro dia depois do enterro e retorna para a casa, de onde finalmente parte na nona noite'; ou que ele sai da tumba no terceiro dia e 'vagueia e pega a sombra de todas as coisas que possuía quando vivo'. 'Após a pessoa estar enterrada por três dias', outros afirmam, 'acredita-se que uma nuvem de fumaça se ergue da sepultura, e ela se transforma no *duppy*'. A idéia do período de três dias deriva evidentemente dos ensinamentos cristãos; a origem da crença sobre as 'nove noites' não é clara. Durante esse período todos os parentes e amigos se reúnem na casa do morto para receber o fantasma, dar boas-vindas ao seu retorno e mandá-lo de volta à sepultura. Se o fantasma perceber que alguém está faltando, poderá, mais tarde, prejudicar essa pessoa. No extremo leste da ilha, todas as 'nove noites' são celebradas, sendo a nona aquela em que se exige a principal vigília. Na região oeste, a 'grande vigília' acontece no dia após o enterro, e às vezes é repetido por três dias, e a nona noite é apenas uma ocasião para 'cantar muito'. Esse festival da vigília parece ter nascido da cerimônia de sepultamento no túmulo, como é descrito por autores antigos".[217]

"Agradar ao morto é o objetivo da vigília entre os mais inteligentes que ainda mantêm a prática, mas muitos, sem dúvida, sentem que o fantasma jamais descansará em paz na tumba se certos ritos tradicionais não forem cumpridos. O modo como a vigília é realizada varia dependendo do lugar. As danças africanas são substituídas por hinos *moody* e *sankey* — não são hinos religiosos, pois a igreja inglesa reprova a vigília devido à confusão que os festejos, que duram a noite toda, podem causar; e repreende seus membros que participam deles. '*Roll, Jordan, Roll*' e '*Clash the Cymbals*' são bons hinos de vigília. Em uma cerimônia bem conduzida, essas práticas religiosas duram até a meia-noite. Depois, é servida a ceia, que substitui o banquete africano".[218]

"Ao sair da vigília, uma pessoa não deve anunciar em voz alta a sua intenção, pois o morto pode ouvir e segui-la até em casa; a pessoa deve simplesmente tocar na manga daqueles que irão acompanhá-la. A dança marcial próxima à sepultura, descrita por Edwards e Phillippo, é representada hoje pelos jogos com os quais os homens e garotos se exercitam durante as últimas horas da noite... É evidente que em todas essas práticas o fantasma do morto está supostamente presente e feliz com a honra a ele prestada. Em algumas vigílias parece haver um esforço explícito para enganar o fantasma e mandá-lo de volta para a sepultura. Se ele percebe que o

---
216. idem, p. 76.
217. idem, p. 77;
218. idem, p. 80.

distrito está feliz, pensará que cometeu um erro; ou se perceber que todos o consideram morto, aceitará o veredicto da comunidade".[219]

Herbert G. DeLisser, que escreveu tantos textos apaixonantes sobre as luzes e sombras de sua querida Jamaica, combina, em suas descrições, um realismo vivo com um compassivo entendimento do propósito ou espírito que normalmente está por trás daquilo que um estrangeiro pode considerar sórdido ou banal. Que os leitores então nos perdoem por incluirmos aqui uma descrição um tanto longa de uma celebração da "Nona Noite", observada pelo próprio DeLisser.

Em outubro de 1912, ele escreveu: "Eu vivia em Kingston quando, certa noite, há mais ou menos cinco anos, fui surpreendido por um grito agudo. Tudo ficou em silêncio por alguns instantes e então o som começou novamente, aumentando e repetindo-se em uma série de sons penetrantes que invadiam a escuridão, aumentando e diminuindo, com uma monótona regularidade. Em um minuto ou dois eu saí à rua e tentei localizar a direção de onde os sons estavam vindo. Os únicos seres vivos ao redor, além de mim, eram dois rapazes, cuja atitude peculiar atraiu minha atenção. Eles se ajoelhavam, colocando a cabeça muito perto do chão e ouvindo algo atentamente. 'Qual é o problema?', perguntei. 'Nona noite, senhor', eles responderam laconicamente.

'Onde?'

"Eles inclinaram a cabeça, aproximando-se mais ainda do chão; ficaram em silêncio por alguns instantes e depois apontaram com firmeza na direção nordeste.

"Dei ao rapaz mais velho um *shilling* e perguntei: 'Eu posso ir a essa 'nona noite'?. Ele me olhou com dúvida, mas concordou: 'Eu levo o senhor; mas a nona noite é uma coisa engraçada. O senhor deve ficar triste até as duas horas, pois se o senhor rir antes dessa hora, alguns homens lá vão lhe bater. O senhor não pode se divertir'...

"Enquanto caminhávamos, ele me explicou o que era necessário fazer na 'nona noite' — entrar corajosamente; tomar um lugar, se houvesse algum disponível; parecer triste; e se comportar como todos os outros. Também era prudente para um estranho sentar-se perto da porta, pois muitas pessoas sentiram que precisavam sair correndo da entusiástica 'nona noite'. Andamos mais ou menos uns quatrocentos metros; o som da cantoria incessante guiava-nos; e então eu me encontrei em um dos subúrbios mais pobres e miseráveis de Kingston, habitado por uma população heterogênea, cujo meio de subsistência é um problema para aqueles interessados nas condições de vida dos pobres na Jamaica. Lá se combinam as características de uma vila e uma favela...

"À medida que entrávamos na vila, a cantoria, que parara por um momento, explodiu ainda mais forte e se espalhou pelo ar. Ouvi as palavras:

---
219. idem, p. 82.

'Saibam que o Senhor é o único Deus,
'Ele criou e pode destruir.'
"Elas ecoaram das sonoras vozes dos homens e invadiram a escuridão e o céu pelo agudo crescendo das mulheres. Meus guias pararam em frente a um portão — era o local que procurávamos.

"Descreverei a cena exatamente como a vi: uma grande cobertura de lona branca, como uma tenda, e suja, e sob ela uma multidão de homens e mulheres de todas as idades. Isso foi a primeira coisa que me chamou a atenção. A multidão estava reunida no centro de um grande pátio, e a alguma distância do portão; e acima da lona havia uma árvore gigante. Pelo menos 100 pessoas se amontoavam debaixo da frágil cobertura de lona, algumas sentadas em cadeiras e bancos, outras se apertando em blocos de madeira. No meio delas havia uma mesa, sobre a qual estavam colocados copos e canecas, Bíblias e livros de hinos; e eu notei uma mesa menor coberta com um tecido branco, em cuja cabeceira se sentava um homem negro velho, que aparentemente presidia a celebração.

"De cada lado da tenda, e por toda a extensão do pátio, havia uma série de salas, não mais altas que 1,3 metro do chão ao teto. Na entrada de algumas dessas salas sentavam-se mulheres e crianças, e nos pregos presos nos mastros que suportavam a tenda algumas lanternas foram suspensas. Lampiões de querosene sobre as mesas irradiavam uma luz brilhante. O calor era intenso. Estávamos no mês de agosto. Havia algo estranho, selvagem e extravagante naquela reunião de homens e mulheres, à meia-noite, gritando sob o calmo céu estrelado, proclamando que o Senhor é o único Deus, enquanto o resto da cidade estava embalado pelo silêncio do sono.

"Entrei no local com alguma hesitação, e naquele momento todos os olhos se voltaram para mim, embora a cantoria continuasse. Um homem levantou-se e polidamente me ofereceu uma cadeira um pouco distante dos cantores; algumas jovens olharam para mim e riram; algumas senhoras de idade mais avançada me encararam com suspeita. Lembrando-me de que meu jovem guia me dissera que alguns homens religiosos presentes provavelmente se ofenderiam com qualquer demonstração de desprezo ou leviandade de minha parte, olhei para as senhoras com uma expressão tão séria que elas provavelmente perceberam que eu entendia a importância do acontecimento. Enquanto os cantos continuavam, tive tempo de dar uma boa olhada ao redor.

"Uma das pequenas salas à frente estava com as portas e janelas totalmente abertas e de onde eu estava sentado podia facilmente enxergar seu interior. Uma grande cama de ferro, coberta com uma colcha branca e limpa, chamava a atenção; o resto da mobília consistia em duas pequenas mesas; evidentemente, as cadeiras que pertenciam à sala estavam sendo usadas no pátio. A sala parecia ter sido arrumada para um propósito específico. Vendo que eu olhava para lá, um dos meus guias aproximou-se e disse: 'Lá dentro, senhor; a mulher morta'. Depois eu descobri o que ele queria dizer e qual era o significado dessa peculiar celebração da 'nona noite'.

"Nove dias após uma mulher ter morrido naquela sala, seus filhos, parentes e amigos estavam agora, na nona noite depois da morte, realizando uma cerimônia para o último adeus ao espírito da mulher. Os camponeses das Índias Ocidentais acreditam que, se essa última cerimônia não acontecer, a ira da pessoa morta pairará para sempre sobre a sua última residência na terra, tornando-se uma perturbação e até mesmo um perigo para os moradores. Esse costume foi trazido, é claro, da África Ocidental, onde ainda hoje ele pode ser observado em todos os seus detalhes. Na costa oeste, oito dias após a morte do marido, a viúva segue para a costa, acompanhada por uma grande quantidade de pessoas que gritam, tocam tambores e sopram conchas. O barulho tem o objetivo de assustar o fantasma, afastando-o. Chegando ao mar, a mulher mergulha na água, joga fora as roupas que estava vestindo desde a morte do marido, coloca roupas novas e volta para casa. Alimentos e bebidas são colocados em uma vasilha para utilização pelo morto. Mas quando a cerimônia do exorcismo do fantasma termina e se nada de estranho aconteceu, os participantes presumem que o espírito foi privado de seu poder de prejudicar a viúva ou seu próximo marido. Nas Índias Ocidentais, a cerimônia da 'nona noite' não é realizada apenas para os homens, mas também para as mulheres e crianças. Em algum momento durante a celebração, os cantores pronunciarão em voz bem alta que o Senhor é o único Deus — esse é o único elemento que parece nunca ser omitido.

"Na noite que estou descrevendo, os hinos foram entoados verso a verso, para que todos tivessem a oportunidade de cantar. O homem sentado à cabeceira da mesa lia com uma voz forte, sem demonstrar a menor preocupação com as regras de pronúncia. Ele parava cada vez que terminava um verso e conduzia um canto que era acompanhado pelos convidados. Com ciúmes de sua autoridade, uma ou duas senhoras disseram que ele estava 'usando uma nota muito alta' e tentaram desviar a atenção entoando o hino em um tom completamente diferente. Mas o ciúme não prevalece contra a autoridade investida; conseqüentemente o hino, apesar de alguma cacofonia, foi cantado até a última palavra.

"Outro hino se seguiu, e outro; então o líder sugeriu que 'talvez uma das irmãs desejasse oferecer uma oração'. Nada poderia tê-las deixado mais satisfeitas. A prece saiu natural e fluentemente de seus lábios; elas evolveram todo o mundo em súplicas e professaram com tanta veemência a crença de que seu pedido seria atendido, que alguns dos convidados suspeitaram que elas tinham alguma dívida a pagar.

"A cantoria e as preces começaram por volta das dez horas, e agora já era quase uma hora da manhã. Ouvi murmúrios. Detectei uma nota de descontentamento. Um homem, em um suspiro alto, expressou a opinião de que, embora o alimento espiritual fosse admirável a seu modo, algo mais material era necessário para que as pessoas atravessassem a noite celebrando da maneira apropriada. Outro convidado observou a um parente da morta: 'Eu vim aqui para cantar por você esta noite, e veja como você me trata!' O tom era de repreensão, sugerindo que uma recompensa suaviza o trabalho, e que o homem que canta deve ser fortalecido com comida e bebida.

"De repente, ouvi um grito — 'Aí vem peixe frito e pão!' O grito partira de um dos convidados que esquecera completamente sua dignidade pessoal devido à fome, e solicitara comida e bebida publicamente sem embaraço. O pedido não fora ignorado. O livro de hinos caiu das mãos do líder, e um movimento entre a multidão fez com que todos olhassem na direção apontada pelo homem que gritara. Era visível a satisfação expressa nos olhos da maioria das pessoas quando três ou quatro mulheres aproximaram-se carregando bandejas, pois todos perceberam que a parte religiosa da 'nona noite' estava chegando ao fim, e a hora do banquete e da festa estava para começar".

Após descrever com detalhes a parte mais jovial da celebração, DeLisser conclui: "Histórias são contadas; há jogos, competições de lutas entre jovens. A 'nona noite' transforma-se em um piquenique sob as estrelas da madrugada".

"Mais comida e bebida são servidas; os risos agora são tão altos quanto os cantos o foram. Claramente, o período de lamentação acabou.

"Então o céu começa a clarear, e o canto de mil galos é ouvido. O ar torna-se fresco, e as estrelas empalidecem. E logo ouvimos 'adeus'; 'adeus'; 'adeus'. Todos os participantes estão indo para casa; muitos terão de trabalhar daqui a uma ou duas horas. Enquanto os convidados partem, observo que a irmã da falecida entra na sala desocupada e, pegando uma jarra coberta, despeja a água que está dentro dela no pátio.

'Bem', afirma a mulher, 'cumprimos nossa obrigação com Cecília'; e todos os que a ouvem concordam plenamente. Despedem-se de Cecília também, com a esperança de que ela nunca retorne à terra para assombrar seus parentes e amigos.

"E por que Cecília retornaria se sua vida deve ter sido muito difícil?"[220]

Quando a guerra mundial começou em 1914, eu era responsável pelas missões no extremo oeste da Jamaica, com sede em Montego Bay. O corneteiro do Exército da Salvação naquele local era um jovem inglês de caráter firme e correto, que ganhara o respeito e a amizade de todos. Quando morreu, foi honestamente lamentado por toda a comunidade, independentemente de credo ou cor. No dia do funeral quase todas as lojas fecharam, e todas as honras cívicas foram prestadas em sua memória, enquanto a ban-

---

220. DeLisser, l.c., p.p. 120 e seguintes.

da da cidade escoltava o cortejo até o cemitério. Por ser um funeral religioso, tudo foi conduzido com o máximo decoro, até chegar ao túmulo. Mas assim que o serviço terminou, toda a ordem do cortejo foi mudada, à medida que a população negra assumiu a banda e a conduziu de volta à cidade. Uma melodia alegre foi entoada e acompanhada por homens, mulheres e crianças dançando e cantando, em direção à cidade.

Mais uma vez pude perceber, enquanto assistia ao desfile, que não havia nenhuma demonstração de desrespeito para com o homem morto. Eram apenas pessoas descontraídas dando as costas para a tristeza e se voltando para as atividades da vida comum, geralmente executadas com risos e música por essas pessoas.

Uma pessoa deve viver muito perto da "mata" para entender seu espírito e credo. Muitas vezes, atraído pelo encantamento de uma noite tropical, fiquei olhando as estrelas e ouvindo o suave ruflar das folhas de palmeira, em paz com todo o mundo, quando, a distância, ouvia a batida peculiar da dança mialista, lembrando a todos a ligação com a África. Ou, outras vezes, eu acordava nas horas mais improváveis da noite devido ao barulho de uma vigília ou "nona noite" realizadas na vizinhança; e era obrigado a levantar-me e observar as cerimônias a distância.

Invariavelmente, existe um líder que conduz os hinos e os cantos, sendo acompanhado por todos os presentes. A cantoria estende-se por horas e, conseqüentemente, comida, bebidas, especialmente rum, são servidos em abundância por toda a noite. No momento do funeral, não era incomum ver alguém virar as costas para o caixão, evitando, assim, que o *duppy* o reconhecesse e voltasse para assombrá-lo. Além disso, durante a minha permanência na Jamaica, a prática de "pegar a sombra" em um funeral na "mata" estava longe de ser uma coisa do passado.

Como afirmei em *Voodos and Obeahs*,[221] assisti a essa cerimônia mais de uma vez, a uma curta distância, perto o suficiente para ouvir o que era dito e observar cuidadosamente quase tudo o que era feito, à medida que os atores — devo chamá-los assim – lutavam para agarrar um nada vazio. E o faziam com tal realismo que cheguei a esfregar os olhos, quase acreditando que havia realmente algo ali que me escapara à visão.

Quando uma grande quantidade de rum fora consumida, e os cantos alcançavam o tom apropriado, alguém gritava com excitação: "Vejam, ali!" Imediatamente, um ou mais caçadores corriam ao mesmo tempo na direção apontada para pegar a sombra. Após algum tempo e alguma confusão, um deles alegava ter pego a sombra, mas os outros não acreditavam, e a caçada recomeçava.

Finalmente, quando todos estavam sem fôlego, suando, com as roupas até mesmo rasgadas e com os olhos quase saltando das órbitas por

---

221. *Voodoos and Obeahs*, pp.152 e seguintes.

tanta excitação; quando uma histeria geral já se instalara, atingindo todos os presentes; algum indivíduo agressivo gritava: "Eu peguei! Eu peguei!", com tanta veemência que nenhum protesto em sentido contrário era ouvido. Então uma caixa, ou um pequeno caixão, era trazido, e a pobre sombra, não sem um último esforço para fugir novamente, era amarrada com segurança e colocada na caixa para ser enterrada mais tarde, durante o funeral.

Na manhã seguinte, ouvi dois contendores discutindo seriamente sobre quem realmente pegara a sombra; mas quando, depois de alguns dias, perguntei a cada um deles separadamente, ambos, embora eu os conhecesse muito bem, afirmaram não acreditar na sombra e que tudo não passava de um absurdo.

Nunca consegui chegar a uma conclusão se a cena toda foi uma demonstração dramática de poder ou o resultado do excesso de rum ingerido. De qualquer modo, a sessão inteira foi baseada em uma superstição aceita de modo geral, e os participantes eram extremamente reticentes em relação ao assunto, quando um homem branco lhes perguntava sobre sua participação na cerimônia.

Alguns anos atrás, escrevi o seguinte parágrafo: "Atualmente, o funeral na 'mata' é caracterizado por muitas das antigas práticas e superstições. O camponês jamaicano é um ator nato, e a ânsia com que a sombra é perseguida e finalmente aprisionada leva o observador a acreditar que o 'caçador' realmente vê alguma coisa e o que ele segura nas mãos é algo mais do que o ar. Quando o caixão é levado para a cova, é indescritível como ele luta quando passa em frente de algumas casas. Os carregadores, suados devido ao esforço para reconduzir o caixão ao caminho certo, chegam a implorar ao corpo que os deixe prosseguir. Como a tarefa está além de suas forças, os homens, finalmente, colocam o caixão no chão e tentam, em vão, empurrá-lo. Ao mesmo tempo, um pandemônio eclode entre os acompanhantes do cortejo. Por fim, o 'ator principal' ajoelha-se ao lado do caixão e encosta o ouvido nele. Sua audição deve ser extraordinária, pois apesar do barulho, ele recebe instruções completas do falecido. O dono da casa onde o caixão parou fez algo de errado à pessoa morta. A multidão toda, abandonando o caixão na rua, marcha em direção à casa para insultar e repreender seriamente o infeliz agressor do falecido, até que ele doe uma generosa quantidade de rum. Então, todos voltam para a rua; os carregadores pegam o caixão e continuam sua tarefa, sem mais nenhuma interrupção".[222]

Hoje, com mais estudo e experiência, penso que talvez deva rever meu julgamento anterior sobre o assunto. Quanto disso tudo é realmente atuação? Quanto é auto-sugestão, alucinação ou realidade?

Obviamente, eu não acredito em fantasmas no sentido comum da palavra. As aparições de espíritos descritas nas Escrituras são algo total-

---

222. *Whisperings of the Caribbean*, p.p. 235 e seguintes.

mente diferente. Mas os ashantis realmente acreditavam em fantasmas, e seus costumes funerários, assim como outros ritos de passagem que verdadeiramente consistiam em controle do espírito, formavam uma parte integral de seu sistema religioso. Os escravos ashantis, por sua vez, impuseram esse complexo religioso, com o seu apaziguamento dos espíritos, sobre a população escrava da Jamaica, de modo que ele passou pelo estágio do mialismo até a forma atual — a revivificação.

Além disso, o praticante da revivificação hoje em dia, como seu protótipo ashanti no passado, considera todos esses costumes funerários, e outras explosões emocionais, uma cerimônia religiosa. É a única forma de religião à qual ele se submete totalmente. Ele acredita em um Ser Supremo, mas sua principal preocupação é com as entidades subordinadas, não importa como as chamemos, que têm um papel fundamental em sua vida diária, como acontecia com os ashantis no passado distante. Conseqüentemente, em princípio, a revivificação pouco difere do antigo Paganismo ashanti e é necessariamente antagônica a qualquer forma de expressão do Cristianismo.

Além do mais, enquanto para os praticantes da revivificação os *duppies* e sombras são apenas fenômenos naturais da alma humana, seu suposto controle pelos praticantes *obeah* os levam da ordem natural para a sobrenatural em que, por meio da associação com a *obeah*, eles se tornam instrumentos de feitiçaria; e assim sua manipulação deve ser incluída entre as atividades que o praticante *obeah* realiza sob a égide do diabo.

Seria então supresa se em raras ocasiões sua majestade satânica realizasse alguma manifestação externa da influência que exerce sobre a vida espiritual de seus devotos? Se qualquer homem se entregar, explícita ou implicitamente, a um controle maligno, ele deve esperar pagar o preço e descobrir que esse controle às vezes exige subserviência. Assim, na ordem material, por exemplo, a vítima da bebida que permitiu que o hábito assumisse o controle sobre ela, pode com o tempo perder todo o autocontrole e chegar ao estágio no qual, fisicamente, ela não mais consegue resistir, até que se torna uma verdadeira escrava da bebida. Do mesmo modo, na ordem espiritual, não é possível que alguém se entregue tanto ao serviço do diabo, que se torne dócil a cada desejo e sugestão do maligno? É claro que a pessoa tem o poder para resistir, mas ela escolhe não usar essa prerrogativa.

Não estou dizendo que todas as misteriosas batidas do caixão ou as supostas perturbações causadas pelos *duppies* e sombras são obras do demônio. Pelo contrário, eu ainda acredito que são em grande parte ilusões ou manipulações humanas. Mas não posso deixar de sentir que, pelo menos em raras ocasiões, há algo mais do que a criatividade humana por trás de alguns casos específicos. Possivelmente, mesmo nesses casos, o diabo não dirige fisicamente a sessão, mas o que pode impedir seu domínio espiritual sobre esses vassalos que gradualmente lhe entregaram o controle de suas ações? Tal influência tende a fortalecê-los e a seus irmãos partidários da revivificação em sua autocontrolada religião e seu antagonismo à cristandade de modo geral. Isso pode explicar o fato de que na Jamaica a prática habitual do bizarro e do estranho está se tornando cada vez mais restrita aos praticantes da revivificação na "mata", como centros de atividade.

Membros de todas as Igrejas conduzem seus funerais de maneira decorosa. Mesmo assim, em algumas ocasiões, certas superstições antigas se fazem presentes, a despeito de tudo o que o sacerdote, ou ministro, possa fazer ou falar.

Porém, como regra geral, o membro da Igreja professa seu desprezo por todo esse "absurdo", como ele denomina essas práticas, ainda que ele admita que elas existam. Para ele, o ponto mais importante é ter um ministro, ou sacerdote, de alguma religião oficiando o funeral de seu ente querido. É claro que o rum e as outras bebidas e alimentos são fornecidos antes de qualquer outra coisa; e se a família não pode pagar a despesa, um prato decorado com um pedaço de crepe é passado pela vizinhança.

Uma vez que os elementos essenciais já foram atendidos, o parente da pessoa que morreu aborda o ministro de sua escolha, bajulando-o para conseguir o máximo pelo valor mínimo. Ele implora ao ministro que lhe conceda uma cova, que eles chamam de "buraco", sem que a família tenha de pagar por ela. Quando o pedido é atendido, ele, então, roga ao ministro que compareça ao funeral, sem cobrar nada, e conduza o cortejo até o cemitério. Se esse pedido também for atendido, segue-se um outro, desta vez feito pelo autodenominado Comitê de Reivindicações — que o ministro não apenas conduza o serviço na casa da pessoa, mas que lidere o cortejo até a igreja, onde uma cerimônia mais longa e elaborada deverá acontecer, com todos os cantos e hinos que a paciência permita e, se possível, com um curto panegírico em honra ao morto; e que depois conduza o cortejo ao cemitério.[223]

Para ser honesto, eu nunca tive coragem de recusar esses pedidos, embora soubesse que a família tinha dinheiro para pagar, mas que estava guardando para uma despesa "necessária" com o funeral.

---

223. idem, p 238.

Capítulo 6

Poltergeist

Foi há mais ou menos três anos que Lorde Olivier, um ex-governador da Jamaica, escreveu-me: "A explosão do fenômeno *poltergeist* na Jamaica é impressionante. Investiguei com cuidado a evidência de um caso que ocorreu quando eu estava na Jamaica, e recentemente houve vários relatos na imprensa local de casos que parecem ter sido cuidadosamente examinados, sem que fosse detectada nenhuma possibilidade de atividade corpórea."

O último incidente referido aconteceu em Roehampton, um pequeno povoado em um remoto distrito montanhoso de St. James Parish. Eu visitava a Jamaica à época e, embora não tenha conseguido investigar o caso pessoalmente, por falta de tempo, obtive, posteriormente, todos os artigos que foram publicados a respeito no *Daily Gleaner of Kingston*.

A primeira notícia apareceu na edição de 6 de junho de 1931: "Mistério fantasma para os espiritualistas. Mãos invisíveis atiram todos os tipos de projéteis contra uma garota. Não há escapatória; ela afirma que é controlada por espíritos: martelo é retirado da mão da garota e jogado no ar. Sensação em Roehampton. (De nosso correspondente) Mount Horeb, 2 de junho — Estranhos acontecimentos são relatados na cabana dos professores em Roehampton, ocupada pela Srta. Johnson, a professora responsável pela escola local.

"A Srta. Johnson mora com uma menina de aproximadamente 14 anos de idade, chamada Muriel McDonald. Há aproximadamente três semanas, alguns sinais e sons estranhos foram vistos e ouvidos, mas depois de domingo as coisas chegaram ao máximo, tanto que a mulher foi obrigada a deixar a casa e buscar abrigo em outro lugar. Pessoas respeitáveis e de credibilidade que visitaram o local afirmam que pedras são atiradas contra a casa por MÃOS INVISÍVEIS e atingem o chão. Em muitos casos, uma pedra aparece no chão e, de repente, é erguida, bate no teto e ricocheteia com muita força. Além de pedras, o mesmo acontece com livros, jarras, caixas de maquiagem, panelas e outras vasilhas.

"O fato estranho é que onde quer que a menina esteja, os ataques são mais fortes, mas ela não demonstra medo. Às vezes, as pedras atingem-na — e com bastante força — e os projéteis seguem a menina para onde ela for.

"A Srta. Johnson nunca é atingida, embora as pedras e outros objetos caiam perto dela. A menina afirma que VÊ UM ESPÍRITO, e sempre que deseja contar o ocorrido, ele faz um sinal para ela ficar quieta. No domingo, a garota pegou um martelo para entregar a alguém e, de repente, a ferramenta lhe foi tirada das mãos, erguida até uma altura considerável e derrubada para cair perto dela. Na casa e na cozinha há um grande número de pessoas ao redor da garota para protegê-la. As pessoas que testemunharam esses misteriosos atos alegam que se trata da obra de um 'espírito', pois ninguém foi visto praticando essas ações.

"Nas noites de sábado e domingo, algumas pessoas mantiveram uma 'vigília' com a Srta. Johnson, para que ela e a menina pudessem dormir; mas mesmo quando elas estavam dormindo, sacos foram levantados e pedras atiradas. Como dissemos antes, a Srta. Johnson teve de deixar a cabana, e muitos estão tentando resolver o mistério."

Em 12 de junho, encontramos a continuação da história no *Daily Gleaner:* "Misteriosos acontecimentos em Roehampton. Ataque de espíritos à cabana da professora torna-se pior e ainda não há solução. Obra de mãos invisíveis. Testemunhas falam do estado alarmante das coisas — o que diz a garota, vítima dos ataques. (De nosso correspondente) Mount Horeb, 8 de junho — A cada dia os estranhos acontecimentos na cabana dos professores em Roehampton, ocupada pela Srta. C. E. Johnson, a diretora da escola local, tornam-se mais enigmáticos e sérios. Os fenômenos que foram relatados na edição de sábado não cessaram, e nenhuma explicação foi apresentada além de o apedrejamento ser provocado por um 'espírito'. Todos os dias muitas pessoas chegam até a casa assombrada e cada uma delas se torna uma testemunha ocular dos acontecimentos; e os especialistas, que não mais questionam a autenticidade do fenômeno, perguntam intrigados: 'Quem é responsável por tudo isso?'

Os Três Piores Dias

"Sábado, domingo e segunda-feira foram os piores dias. Uma grande quantidade de pessoas reuniu-se na casa e, quando muitas ajoelharam para rezar, pedras, garrafas, tijolos e pedregulhos foram atirados contra elas, demonstrando que nesse caso as orações não assustaram os 'visitantes indesejados'. Testemunhas oculares afirmam ter visto abajures serem erguidos das mesas e jogados ao chão. Se alguém os colocar de volta na mesa, eles são atirados novamente contra o solo, desta vez com mais força, despedaçando-se.

"Uma parte da casa, feita de parede espanhola, foi quebrada pelo espírito, e as pedras e a marga são atiradas contra os ocupantes da casa, sejam eles a Srta. Johnson, Muriel McDonald, ou outro visitante. Um rapaz, Martel Hurlock, declarou que pegou uma pedra jogada na casa, escreveu seu nome nela e a jogou para longe. Em um período de tempo comparativamente curto, a mesma pedra foi atirada velozmente contra a casa novamente, atingindo o teto e caindo ao chão. O garoto pegou a mesma pedra, jogou-a para longe novamente e ela retornou. Outras pessoas presentes na ocasião confirmam a história.

"Um certo Gerald Birch declarou que **LEVOU UMA PANCADA** na mão quando entrou na casa. Estes são alguns dos acontecimentos narrados pelas testemunhas oculares:

"**1.** Uma lâmpada atravessou um pequeno buraco, e quando as pessoas a ergueram e tentaram passá-la pelo buraco novamente, ela não cabia.

"**2.** Uma pedra pesando aproximadamente 200 gramas foi jogada pela vidraça, e esta não se quebrou.

"**3.** Um certo Astley Lewis tirou os sapatos dentro da casa e logo depois um deles foi visto 'voando' rapidamente e atingiu a menina.

"**4.** Pedras caíram dentro da casa, vindas aparentemente do telhado.

Vítima Entrevistada

Muriel McDonald, a garota que é o alvo do 'espírito', foi entrevistada por nosso correspondente. Ela é jovem, tem a pele clara e acabou de deixar a escola. Ela disse:

'Eu posso ver um espírito. Quando eu morava em Maforta, vi um. Vejo o tempo todo, dentro e fora da casa, um homem alto vestido de branco e, onde quer que eu vá nas redondezas, ele me segue. Não vejo nenhum sinal, mas assim que retorno à casa da Srta. Johnson o apedrejamento começa. Um dia, na semana passada, eu o vi espreitando pela porta dos fundos. Joguei uma pedra nele e soltei o cachorro para assustá-lo. Ele correu para a mata, mas retornou mais tarde. Outro dia eu subi em uma árvore e o vi parado perto da porta da frente. Ele me fez um sinal para descer. Quando eu desci, ele fez um gesto como se estivesse me mandando embora. Em outro dia eu o vi parado ao lado da porta do banheiro, para impedir que eu entrasse. Nunca o vi atirar uma pedra, mas sei que é ele.'

Atingida Muitas Vezes

'Sou muitas vezes atingida com todos os tipos de coisas. Fui ferida no cotovelo direito com uma pedra (ela mostra o ferimento). Várias vezes ele derruba a xícara de chá das minhas mãos, joga cascalho na minha cabeça, belisca-me e me bate. Outro dia ele tirou um pedaço de fruta-pão que eu segurava. Pegou uma garrafa pequena e bateu na minha testa, e tirou o abajur da minha mão muitas vezes. À noite, quando entro em meu quarto, sinto um pouco de medo, mas geralmente estou bem. Eu amo a Srta. Johnson e não quero deixá-la'.

"Nosso correspondente não falou com a Srta. Johnson, pois ela deixara a cidade no sábado e ainda não havia retornado.

"A menina não pode ficar sozinha nas redondezas. Fora da casa, pedras são atiradas em sua direção; e dentro, abajures, chaves, garrafas e sapatos são atirados. Ninguém sabe o que irá acontecer, e a posição da Srta. Johnson certamente não é invejável."

"Qual é a verdade sobre os acontecimentos fantasmagóricos que têm lugar na pequena vila de Mount Horeb em St. James?"

"A garota, Muriel McDonald, é vítima de uma engenhosa e cruel perseguição humana? Ou o apedrejamento e o movimento dos objetos que a seguem aonde quer que ela vá são causados por um agente que está além das fronteiras deste mundo?

"Tais perguntas com certeza surgem na mente daqueles que estão acompanhando nossas reportagens sobre os estranhos acontecimentos na casa da Srta. Johnson, onde Muriel McDonald mora, em Mount Horeb."

Histórias das Testemunhas Oculares

"Literalmente, centenas de pessoas visitaram o local e contaram suas histórias, confirmando os acontecimentos."

Qual é a Verdade?

"Acontecimentos desse tipo – em que o apedrejamento é a principal característica – são freqüentes na ilha.

"Qual é a verdade?

"Será que descobriremos algum dia?"

O Fantasma de Mount Horeb

"De modo geral, a atitude das pessoas, e estamos falando de pessoas instruídas, em relação às estranhas ocorrências em Mount Horeb é de um certo ceticismo.

"Lamentamos esse fato; parece-nos o comportamento do selvagem, do tolo e da criança, que riem daquilo que não conseguem entender. Esperávamos que a comunidade mais inteligente tivesse um interesse científico pelo caso, pois o desdém não resultará em nada útil para a solução do problema. Pois se trata de um problema, e bem sério.

"Essas ocorrências ou são o resultado de uma perseguição cruel e criminosa, extremamente hábil, ou são manifestações de forças além da nossa compreensão e controle.

"Qualquer uma das hipóteses necessita de uma séria investigação, em vez de um desprezo temeroso e falso. Gostaríamos de que as autoridades levassem o assunto a sério e publicassem um relatório completo e oficial sobre as ocorrências, em vez de deixar o que nos parece fenômenos da maior importância, sem nenhuma investigação."

Algum tempo depois, ouvi dizer que o autor desse editorial foi alvo de gozação de seus colegas por ter apresentado sua opinião sincera sobre o caso. Assim, não fiquei surpreso quando li outro editorial, datado de 6 de julho de 1931, praticamente se desculpando pelo jornal ter considerado a possibilidade de uma origem sobrenatural para os acontecimentos. Segue uma parte desse segundo editorial.

Estranhos Acontecimentos

"Os recentes acontecimentos extraordinários na residência de uma certa professora no interior foram alvo de zombaria por parte de algumas pessoas, mas outras... gostariam de ver o assunto investigado por completo, e enquanto isso não acontece, evitam dar suas opiniões... Hoje, sabemos muito mais sobre a psicologia do anormal do que há quarenta anos.

"Talvez a conquista mais notável tenha sido a demonstração do fato de que é injustificado apresentar, sem maiores dados, uma interpretação sobrenatural ou miraculosa de algo que ainda não conseguimos entender. Pesos são erguidos por mãos invisíveis; objetos são jogados no teto, aparentemente por vontade própria; pedras são misteriosamente atiradas. Tais coisas, segundo alegações, aconteceram na Jamaica nas últimas semanas; e existem outros casos bem comprovados de ocorrências de fenômenos ocultos. Um padre católico, que faleceu durante a epidemia de gripe em 1918, disse-nos que vira, certa vez, uma mulher ser misteriosamente atirada ao chão e espancada; ela trazia no corpo as marcas das pancadas que recebera de alguma coisa que, embora invisível, parecia capaz de praticar violência física. Isso aconteceu em uma das paróquias do interior. Incidentes semelhantes ocorreram no Haiti e em outros países — na verdade, segundo aqueles que alegam ter testemunhado tais fatos, eles acontecem em todos os lugares. Qual é a explicação? Fantasmas? *Duppies*? Demônios? Ou, no caso mencionado pelo padre, apenas um ataque epiléptico, e os efeitos das 'batidas' apenas auto-sugestão, como acontece com uma pessoa que, hipnotizada, embriaga-se com água porque lhe disseram que era rum ou uísque? Não acreditamos que em casos como esses devamos correr para o sobrenatural como explicação. Essa afirmação não nega a existência de um outro mundo, mas vai ao encontro do modo científico normal de interpretar fenômenos. O fato de que certas coisas não se encaixam nos padrões da natureza que o homem construiu para si prova que esses padrões são incompletos ou defeituosos, e a única maneira de superar essa falha é estudar os casos pacientemente. Isso, é claro, implica que o fato deve-se distinguir da imaginação; nem tudo o que uma testemunha acredita que aconteceu é verdade. Em outras palavras, as leis comuns de evidência são os únicos guias seguros para a interpretação de tais questões. Nossa impressão pessoal é de que uma grande parcela dos fenômenos ocultos na Jamaica, e em outras ilhas, será um dia satisfatoriamente explicada pela psicologia do anormal."

Antes de tecer comentários sobre o editorial, terminemos de estudar os acontecimentos em Roehampton do ponto de vista histórico. Recentemente, escrevi ao editor do *Daily Gleaner* perguntando-lhe se alguma investigação oficial foi conduzida e qual foi o encerramento do caso. Na ausência do editor, seu assistente gentilmente me respondeu: "Em relação aos incidentes envolvendo Muriel McDonald, recebi a informação de que a garota foi persuadida a deixar a casa, e quando isso aconteceu o apedrejamento cessou. Não houve nenhuma investigação oficial. Parece que se tratou de mais um caso em que se brinca com o medo supersticioso dos moradores de uma região."

O editorial do *Daily Gleaner* está correto em afirmar que, em uma investigação de qualquer tipo de fenômeno, não se deve atribuir sua causa ao sobrenatural enquanto existir qualquer possibilidade de uma explicação natural. Não apenas a ciência, mas também o senso comum exigem esse tipo de procedimento. Por outro lado, é igualmente anticientífico e diretamente oposto ao senso comum iniciar uma investigação supondo que a causa sobrenatural seja absolutamente impossível e que, portanto, deva existir uma explicação natural para todos os fenômenos. Pois, em alguns casos, é possível que se prove que o efeito transcende todas as causas naturais e que, conseqüentemente, alguma influência sobrenatural seja postulada. Assim, algumas vezes, não podemos afirmar definitivamente que algum fenômeno específico é sobrenatural, mas também não podemos dizer que é absolutamente natural.

Não obstante, devemos proceder vagarosamente, especialmente em casos individuais, antes de invocar forças sobrenaturais como uma explicação para as causas. Em relação aos incidentes ocorridos em Roehampton, por exemplo, não devemos acreditar muito na precisão dos artigos de jornal, especialmente porque os relatos foram escritos a 8 quilômetros de distância do local onde os fenômenos ocorreram, e aparentemente foram baseados em histórias contadas ao correspondente. Em nenhum artigo encontramos uma indicação da necessária investigação dos testemunhos, nem uma evidência de testemunho pessoal do autor, a despeito do fato de o correspondente ter entrevistado a vítima, Muriel McDonald. O jornal também não dá nenhuma evidência de que seus correspondentes tenham visitado o local, exceto pelas fotos das duas ocupantes da casa em locais separados, e aparentando calma e tranqüilidade. Essas fotos poderiam facilmente ter sido enviadas aos jornalistas pelo correio.

Devemos admitir que muitas coisas estranhas realmente aconteceram em Roehampton. Mas não sabemos até que ponto truques ou excesso de imaginação influenciaram esses relatos e muitos outros referentes ao fenômeno *poltergeist*, cujos exemplos são "muito freqüentes", como afirma o *Gleaner*. Com exceção do caso oficialmente investigado por Lorde Olivier, quando era governador da Jamaica, não conheço nenhum outro incidente que tenha sido examinado por alguma autoridade, como também não tenho os detalhes do caso investigado por Olivier. Geralmente, temos de contar com as informações mais ou menos incoerentes prestadas por pessoas histéricas que, mesmo em seu estado normal, têm uma grande inclinação a ver o sobrenatural em toda ocorrência que seja um pouco diferente das experiências a que elas estão acostumadas. Não atribuo todos os exemplos de *poltergeist* na Jamaica a alucinações ou histeria. Longe disso. Em mais de uma ocasião tive a suspeita, senão a convicção, de que alguma força não natural se fazia presente, embora eu relute em afirmar, em cada caso específico, que estamos lidando diretamente com poderes sobrenaturais.

Como relatei em *Voodus and Obeahs*,[224] um pouco antes de deixar a Jamaica em 1917, eu estava nos arredores de um distrito *obeah*. Ficava nas montanhas localizadas na Paróquia de St. Mary, onde ela faz limite com St. Catherine. Uma pessoa não católica me procurou e pediu-me para abençoar sua casa. Ele dizia que seus filhos estavam famintos, pois não conseguiam comer. Segundo o homem, alguém tinha colocado um *obi* nas crianças e sempre que elas tentavam comer, a comida "voava" e lhes atingia o rosto, e elas não conseguiam levá-la à boca. Naturalmente, não acreditei muito na história, mas montei em meu cavalo e segui o pobre homem que, certamente, estava muito angustiado. Quando chegamos à casa, encontrei a vila inteira em pânico. Um grande número de pessoas reunia-se ao redor da casa, e homens, mulheres e crianças concordavam plenamente em seus testemunhos sobre o que acontecera. Todos confirmavam o que o homem me dissera. Os relatos davam uma impressão tão diabólica que não me senti justificado em provocar o maligno a dar uma mostra de poder só para satisfazer minha curiosidade, portanto eu abençoei a casa e parti sem realmente testemunhar o incidente.

A palavra *poltergeist* significa, é claro, um fantasma barulhento, mas sempre achei que era mais adequado usar a expressão "fantasma bagunceiro", devido à desordem geral que ele normalmente causa, especialmente em suas manifestações na Jamaica. Assim, muitos dos exemplos dos fenô-

---

224. *Voodus and Obeahs*, p. 200.

menos citados nos capítulos anteriores devem ser classificados como manifestações de *poltergeist*.

Os ashantis comumente associavam ao *suman*, ou fetiche, os *mmoatias*, ou pequeninos.[225] Essas estranhas criaturas são, às vezes, descritas como "extremamente rápidas e usadas pelos demônios e magos como mensageiras";[226] ou como "os velozes mensageiros dos deuses que se movem como o vento".[227] Podem ser chamadas de duendes ou fadas, conforme prestem serviço ao *sasabonsam* e seu *abayifo*, por um lado; ou do *abosom* ou divindades inferiores, por outro.

Essas interessantes criaturas são descritas pelo Capitão Rattray: "A característica mais marcante desses 'pequeninos' ashantis — a palavra *mmoatia* provavelmente significa 'os pequenos animais' — são seus pés, que apontam para trás. Eles supostamente têm 30,5 cm de altura e se apresentam em três diferentes cores — branca, vermelha, e preta — e conversam entre si por meio de assobios. As fadas pretas são mais ou menos inócuas, mas os *mmoatias* brancos e vermelhos praticam todo tipo de travessuras, como roubar a comida que foi deixada no dia anterior".[228]

A. W. Cardinall escreve sobre esses "pequeninos": "Por todo o interior e na zona da floresta a crença na existência de duendes, elfos, ou fadas – não importa como os chamemos — é encontrada. Raramente eles são visíveis. Têm a forma e os atributos do ser humano. São dados à prática de travessuras como 'jogar pedras nas pessoas que passam pela 'mata'".

Esses pequenos seres também são acusados freqüentemente por nascimentos inesperados; eles "mudam" as crianças; fazem com que elas fiquem loucas ou deformadas. Na língua ashanti são chamados *mmoatia*; no Protetorado do Norte são *chichiriga*; ou variações dessa palavra.[229]

Na Jamaica, esses "pequeninos", com seu costume de atirar pedras, são incluídos no termo geral *duppies*, mas jamais ouvi uma descrição de suas características físicas.

Embora o apedrejamento não seja um elemento invariável no *poltergeist*, ele é tão comum que na "mata" jamaicana raramente deixa de acontecer. A opinião popular atribui certas tendências aos projéteis que os

---

225. Rattray, *Religion and Art in Ashanti*;
226. Rattray, *Ashanti Proverbs*, nº 57;
227. Rattray, *Ashanti*, p. 163.
228. Rattray, *Religion and Art in Ashanti*, p. 125ff;
229. A. W. Cardinall, *In Ashanti and Beyond*, Filadélfia, 1927, p. 224.
Nota — No *Chamber's Journal*, de 11 de janeiro de 1902, p.p. 81 e seguintes, foi publicado um artigo com o título: "Obeah Today in West Indies", em que o autor declara: "Enquanto eu escrevia, aconteceu a seguinte história curiosa sobre um 'duppy'. Centenas de negros no distrito de Lamb's River, Jamaica, acreditam nesta história: Um rapaz que fora chamado a prestar testemunho em uma investigação criminal desapareceu há alguns meses. Acreditava-se que ele fugira; mas agora existe o rumor de que ele foi assassinado por uma jovem que, desde então, tem sido atormentada por seu 'duppy'. O fantasma apedreja-a todas as noites. As pessoas afirmam ver as pedras sendo atiradas pelo ar e as feridas no corpo da mulher; mas jamais vêem quem as atira. Centenas de pessoas — segundo a história — seguem a desafortunada jovem todas as noites para ver de onde as pedras se originam, mas isso permanece um mistério. A mulher foi atingida na cabeça pelas pedras; e teme-se que ela perca a razão".

duppies atiram. As pedras podem vir de qualquer direção, ou de várias direções ao mesmo tempo. Ou podem não vir de lugar nenhum, simplesmente se materializando do nada. A fonte de suprimento pode ser uma árvore a uma certa distância, onde um exame cuidadoso revela que não há nenhuma pessoa em cima da árvore ou perto da linha de fogo. As pedras podem entrar pelo teto sem quebrá-lo. Podem passar pela vidraça sem espatifar o vidro. É possível, ainda, que elas entrem em uma sala, sem tocar em coisa alguma, façam um ângulo reto ou mudem parcialmente seu curso para atingir uma pessoa específica que, aparentemente, é a vítima do apedrejamento, e que não consegue encontrar um lugar para esconder-se das pedras. Resumidamente, essas pedras atiradas pelos *duppies* têm a habilidade para fazer tudo que uma pedra bem comportada não deve fazer. Além do mais, mesmo pesando alguns gramas e após um vôo pelo ar a uma distância de 3 metros ou mais, e atingindo as pessoas na cabeça, nenhuma ferida ou marca é deixada como conseqüência.

Um fato muito comum contado pelos moradores da "mata" fala de pessoas que escreveram o nome em uma das pedras que lhes foram atiradas. Depois, jogaram-na em lugares distantes para testar a realidade da ação dos *duppies*. Invariavelmente, a pedra volta para a pessoa que a jogou, com ou sem os cumprimentos do "Sr. *Duppy*". Essa é apenas uma das muitas histórias contadas na "mata" sobre os pestíferos atiradores de pedras.

É desnecessário dizer que muitos casos relatados são claramente o efeito de uma imaginação nervosa. Na primeira estação das chuvas em que eu estava na "mata", eu residia em uma casa grande com alicerces de pedra. Caranguejos da terra que foram retirados de suas tocas devido às chuvas se tornaram um grande problema. Alguns se refugiaram entre as estruturas de madeira e quando se arrastavam por elas produziam um som que era uma perfeita imitação das batidas dos *duppies* no chão e no teto. Para as pessoas mais impressionadas ou nervosas, tais sons podem facilmente dar origem a histórias de *duppies* assombrando a casa.

Naturalmente, existem casos em que mãos humanas marotas atiraram pedras nos telhados ou dentro das casas. Porém, sou obrigado a admitir que, em algumas ocasiões, não consegui de modo algum encontrar uma explicação natural para alguns desses fenômenos.

O testemunho de Sir. Hesketh Bell dá evidência de que os exemplos de *poltergeist* nas Índias Ocidentais não são limitados à Jamaica, e não há um melhor modo de terminar este capítulo do que apresentando, na íntegra, o incidente que lhe foi relatado por um padre francês em Granada, onde Sir Hesketh serviu no Departamento do Tesouro da Colônia, em 1883: "Eu era responsável por um grande e relativamente populoso distrito em Trinidad, e nessa época aconteceu um incidente notável que, ainda sem explicação, tumultuou minhas idéias sobre as muitas histórias de mistério que ouvimos com tanta freqüência, rindo de quem as conta. Um amigo meu comprara uma propriedade muito grande, mas praticamente abandonada, e como a casa original estava caindo aos pedaços ele teve de se estabelecer em uma pequena construção de madeira, até que pudesse construir uma nova casa. Essa pequena construção tinha apenas duas salas de bom tamanho, separadas por divisões de madeira, e coberta diretamente pelo telhado. A casa fora construída pelo dono da propriedade e seu irmão e estava sendo ocupada por eles por algumas semanas quando, certa noite, eu os vi correndo em minha direção afirmando que pedras estavam caindo sobre a casa, e que eles não podiam explicar como isso acontecia. Os dois homens estavam muito agitados; aos poucos consegui que me narrassem o acontecido — eles estavam sentados na varanda enquanto o sol se punha e permaneceram lá até o escurecer. Um deles estava para entrar na casa e pegar um lampião quando o barulho de algo pesado caindo no chão do quarto o assustou. Logo depois, ele ouviu outro barulho. Rapidamente acendeu o lampião e abriu a porta do quarto — no chão havia uma certa quantidade de pedras. Pensando que estava sendo alvo de uma brincadeira, o homem olhou para a janela que, no entanto, estava bem fechada. Um novo barulho foi ouvido novamente no quarto. Alarmado, ele correu para fora da casa e chamou o irmão que, antes de ouvir o que acontecera, perguntou-lhe por que ele estava chutando as coisas. Do lado de fora eles podiam ouvir distintamente a contínua queda de pedras, e, incapazes de suportar por mais tempo, saíram correndo e me chamaram para ver o que estava acontecendo.

"Chamamos mais alguns homens e retornamos para a pequena casa de madeira. À medida que nos aproximávamos, podíamos ouvir distintamente o som das pedras caindo. Só com muita dificuldade consegui convencer meus dois acompanhantes negros a seguir-me, pois eles estavam aterrorizados por esse incidente sobrenatural. Com o lampião nas mãos, atravessei a varanda, e assim que a luz penetrou na casa o barulho cessou. Quando entramos em um dos quartos, vimos que o chão estava coberto de pedras de vários tamanhos, algumas bem pesadas. Todas as janelas estavam fechadas; eu fiquei totalmente perplexo. Estávamos todos dentro da casa, examinando as pedras, quando uma repentina lufada de vento apagou o lampião. Imediatamente, as pedras começaram a cair de novo, por todos os lados. Ficamos parados no lugar onde estávamos, aterrorizados. Ouvíamos as pedras caírem muito perto de nós; às vezes eu as sentia passando bem perto da minha cabeça, mas, surpreendentemente, ninguém foi atingido. Recobrando a coragem, consegui acender o lampião; na mesma hora, a chuva de pedras cessou. Eu não tinha como explicar o fenômeno; as pedras empilhavam-se em volta do local onde estávamos, mas assim que a luz era acesa, tudo ficava tão silencioso quanto um cemitério.

"Colocando o lampião cuidadosamente em um local protegido, começamos a recolher as pedras e empilhá-las fora da casa. Resolvemos passar o resto da noite na casa, dormindo no chão. Tudo permaneceu quieto por algum tempo, e a maioria de nós adormeceu rapidamente. Como eu estava perto do lampião, e curioso para determinar a natureza do fenômeno, muni-me de coragem e apaguei a luz. Exatamente como acontecera da primeira vez, as pedras começaram a cair; como nenhum de nós se feriu, começamos a especular as possíveis causas desse estranho fenômeno. Todas as vezes em que acendíamos o lampião novamente, o apedrejamento parava, e recomeçava assim que apagávamos a luz. Isso continuou por toda a noite e cessou logo de madrugada. O telhado não estava quebrado, e o mistério era inexplicável. A quantidade de pedras que recolhemos formou uma grande pilha do lado de fora; e essas pedras não eram iguais às encontradas no terreno perto da casa.

"Nada de estranho aconteceu durante o dia, mas como as notícias do apedrejamento se espalharam pelo distrito, uma multidão, vinda de todos os lados, aproximou-se da casa para ver as pedras, e centenas imploraram nossa permissão para passar a noite no local, na esperança de testemunhar o fenômeno, se acontecesse novamente. Alguns de nossos amigos, e especialmente aquelas pessoas que afirmaram tratar-se de uma farsa, tiveram permissão de dormir na casa. Elas não se desapontaram, pois assim que escureceu completamente, as pedras, novamente, começaram a cair. Porém, a "chuva" não foi tão contínua quanto na noite anterior, mas foi testemunhada por 14 ou 15 pessoas. Na manhã seguinte, enquanto recolhíamos as pedras, descobrimos que a pilha feita no dia anterior estava intacta, e que as pedras que caíram na segunda noite eram outras, obtidas só Deus sabe onde.

"Como esperado, as notícias desses acontecimentos rapidamente se espalharam por toda a ilha, e o local ficou lotado de manhã até a noite. O misterioso apedrejamento, entretanto, jamais ocorreu novamente, e o lugar voltou à sua condição normal.

"Nem o motivo, nem a causa, ou o efeito desses miraculosos apedrejamentos foram explicados, e o fenômeno permanece um mistério até hoje. Juro solenemente que a coisa aconteceu, mas isso é tudo o que sei a respeito, e presumo que o mistério permanecerá para sempre".[230]

---

230. Bell, l.c., p.p. 93 e seguintes.
Nota — Anderw Lang, em *The Making of Religion* (Londres, 1898, p.366), inclui um Apêndice entitulado *The Poltergeist and his Explainers,* no qual, após discutir uma certa quantidade de casos, conclui: "Parece mais sábio admitir nossa ignorância e suspender nossa crença. Aqui se encerra o fútil capítulo das explicações. Fraude parece ser uma causa provável, mas uma hipótese difícil de se aplicar quando admitimos que os efeitos não poderiam ser causados por meios mecânicos comuns. Alucinação, devido ao estado de excitação, é uma causa provável, mas sua notável uniformidade, como descrito por testemunhas de diferentes lugares e idades, que não se conhecem, faz-nos hesitar em aceitar a hipótese de alucinação. Essa extraordinária quantidade de relatos, praticamente idênticos; de declarações vindas de pessoas de diferentes países e idades, só podem ser 'arquivadas para referência'". É interessante registrar que eu recebi uma carta do Reverendíssimo Arthur Hinsley, Delegado Apostólico, na África do Leste, datada Mombasa, 11 de fevereiro de 1933, na qual ele declara: "A propensão dos 'duppies' jamaicanos a atirar pedras é extraordinária! Ouvi relatos de missionários em Uganda ou em Kavirondo (Quênia) sobre dois ou três casos desses estranhos apedrejamentos". Talvez um dos casos mais notáveis registrados com grande autoridade seja aquele relatado em Roma, em 23 de janeiro de 1909, pelo Monsenhor Delalle, Vigário Apostólico em Natal, a respeito do exorcismo de uma garota possuída, cujo nome era Germana, na Missão de St.'Michael, Natal, em maio de 1907. Temos aqui uma força extraordinária, bem como conhecimento, do que acontece a distância. A menina tinha 16 anos de idade, ignorava totalmente o latim e, contudo, o Bispo conversava com ela apenas nessa língua e ela respondia geralmente em zulu, mas algumas vezes em latim.

Capítulo 7

Conclusões

Na Jamaica, ouvimos com freqüência relatos de casos de diferentes manifestações espirituais, semelhantes aos nar-rados em outras partes do mundo; exceto que, na ilha, os círculos em que eles são comentados são restritos a um pequeno grupo que nunca realmente popularizou as práticas como sessões espíritas, tábua de ouija e outras.

Citarei o ocorrido em uma sessão espírita, como me foi relatado por uma testemunha. O caso parece indicar um controle diabólico, se acreditarmos na narrativa. Na sessão que aconteceu próximo a uma das paróquias do norte, a médium chamou o diabo que lhe perguntou o que podia fazer por ela. "Toque para mim" foi a resposta da mulher. Ele perguntou: "O que você quer que eu toque?". A médium respondeu: *"Home sweet home"* (Lar, doce lar). Imediatamente, a mesa em torno da qual a sessão acontecia levitou, atravessou a sala, e tocou os teclados de um piano, começando a música. Terminando, a mesa voltou para o lugar de origem, no meio do círculo formado pelos presentes na sessão. Na noite seguinte, a mesma testemunha contou que a médium novamente invocou o diabo e dessa vez perguntou o que ela podia fazer por ele. "Cante para mim", foi o pedido. "O que devo cantar?", a mulher indagou. A resposta veio clara e em bom tom: "O lamento dos condenados no inferno".

Contudo, casos como esse são claras influências de práticas vindas de outros países, e raramente podem ser considerados fenômenos da Jamaica, apesar de estarem ocorrendo no país. Portanto, eles não se encaixam no escopo do presente estudo. Em outras palavras, nossa análise nada tem a ver com o moderno espiritismo, quer seja ele considerado um estudo psíquico ou uma mania religiosa. Estamos nos limitando aos fenômenos que são estritamente jamaicanos e que chegaram a nós desde os tempos da escravidão, e até mesmo antes dela.

Embora os ashantis constituíssem uma porcentagem relativamente pequena da população escrava em sua totalidade, vimos que, logo de início, eles exerceram tal domínio sobre os nativos de todas as outras tribos, que forçosamente impuseram sua cultura sobre os demais, e eficientemente repeliram qualquer outra que lhes fosse diferente. Vemos, por exemplo, que o sistema de escolher nomes de acordo com o dia da semana foi adotado por praticamente todas as tribos, inclusive com o uso prevalecente da terminologia ashanti.

Essa forte influência se deveu principalmente ao terror que eles infundiam pelas antigas práticas de feitiçaria, que obtinham seus resultados por meio do medo, suplementado habilidosamente por envenenamento, sempre que necessário.

Os ashantis acreditavam em um Ser Supremo, mas seus ritos religiosos eram principalmente voltados para o controle de espíritos. Eles temiam um espírito do mal, o *sasabonsam*, que tinha muito em comum com a figura do diabo no Cristianismo. Entretanto, essa devoção se desenvolveu em segredo na terra natal dos ashantis e se tornou, talvez, a maior influência na vida dos descendentes entre os escravos ashantis na Jamaica. Pois a antiga feitiçaria ashanti, com poucas modificações, continuou após o fim da escravidão na ilha, sob o termo *obeah*, e eliminou por completo todos os outros sistemas de magia negra que eram comuns aos escravos de outras tribos da África.

Os ashantis não tiveram o mesmo sucesso na preservação das práticas religiosas tribais. Como as cerimônias públicas foram proibidas, eles foram obrigados a adaptar-se às circunstâncias, e o sigilo do *obayifo* teve de ser praticado pelo sacerdote, o *okomfo*. Como os ritos religiosos *ashantis* tinham como objetivo o bem comum, embora o propósito da magia fosse prejudicar o indivíduo, o antigo antagonismo entre o *okomfo* e o *obayifo* foi, durante algum tempo, deixado de lado e uma estranha aliança foi celebrada entre os dois contra o opressor comum — o homem branco. Essa aliança foi facilitada, senão forçada, pelos espíritos marciais entre os escravos, que agiam como líderes e os incitavam a ponto de provocar rebeliões e levantes. Tais líderes consideravam necessário fazer uso constane do *obayifo* para manter os escravos, mesmo beligerantes, em um estado de subserviência à liderança *ashanti*.

Como grupo, os ashantis e seus descendentes apegaram-se às antigas tradições e crenças religiosas, e quando as cerimônias públicas tiveram de ser disfarçadas como uma forma estrangeira de *dana*, esse fato finalmente fez com que as práticas adotadas passassem a ser conhecidas como mialismo.

O *okomfo*, ou praticante mialista, como é chamado agora, diminuiu sua força devido à aliança com o arquiinimigo, e assim que a emancipação aconteceu, a aliança rompeu-se; o antigo antagonismo estava de volta, e a classe sacerdotal mialista fez um grande esforço para manter as duas práticas separadas e aniquilar os servos de *sasabonsam*, com a suposta prática de desenterrar *obeah*. A luta, entretanto, durou pouco. Os excessos cometidos pelos mialistas apenas acentuaram o caráter secreto da *obeah*, e sua estima popular não foi afetada. Na verdade, o praticante *obeah* gradualmente passou a exercer uma infuência maior na "mata", assim como acontecera na época da escravidão. Ele satisfazia mais os egoístas objetivos individuais, particularmente quanto a questões de vingança. Conseqüentemente, a influência do mialista praticamente desapareceu, e o mialismo deu lugar à revivificação.

Com o gradual desaparecimento do praticante mialista, o feiticeiro *obeah* assumiu para si as funções de seu antigo inimigo; na maioria das vezes como um disfarce para suas próprias maquinações, até que o mialismo passou a ser considerado uma ramificação da *obeah*. Já não mais se falava do bem comum. Apenas o interesse individual tinha importância. Mas durante todo esse processo, o praticante *obeah* jamais abandonou sua devoção ao *sasabonsam* ou diabo, e as práticas do mal definitivamente romperam as antigas amarras religiosas dos ashantis.

Assim, na Jamaica de hoje é comum encontrarmos o mesmo indivíduo exercendo as funções de praticante mialista e *obeah*, desenterrando hoje a mesma *obeah* que enterrou na noite anterior, ou curando a vítima de suas próprias maldades. Além disso, o moderno praticante *obeah* lança mão de práticas de magia negra "importadas" de outros lugares. Mas existe uma grande diferença entre a magia praticada na Jamaica e em outros países. Na Jamaica, o praticante *obeah* ainda acredita que, mesmo usando métodos novos, é a influência do *sasabonsam* ou diabo que produz o efeito desejado. Geralmente em outros países o feiticeiro é simplesmente um impostor inteligente, que tem total consciência da farsa por ele perpetrada.

Embora a *obeah* praticada hoje nas grandes cidades e na metrópole possa ser considerada apenas um meio desonesto de ganhar dinheiro, na "mata" ainda existem muitos feiticeiros que "seguem a antiga cartilha". Ainda que cobrem quantias irrisórias, eles levam a prática muito a sério e confiam totalmente em seu líder *sasabonsam*. Isso não significa que, na realidade, o praticante *obeah* tenha um espírito do mal que lhe dá apoio. Mas seja qual for seu poder, ou falta de poder, o praticante acredita na existência e cooperação de tal espírito e intenciona atingir seus objetivos pela influência diabólica.

Se qualquer parte do ato é má, o ato em si é moralmente errado; e o que poderia ter sido indiferente ou mesmo bom acaba sendo manchado pela intenção maldosa daquele que o pratica. Portanto, se o indivíduo acredita que está fazendo o mal, e deliberadamente continua, ainda que o ato em si seja indiferente ou bom, a pessoa está cometendo o mal de suas intenções.

Os ashantis consideram seu amuleto como o receptáculo temporário de alguma influência espiritual, do mesmo modo que vê os santuários de seu *abosom* ou entidades inferiores como um refúgio temporário dessas entidades espirituais; sem, em nenhum momento, vacilar na fé na existência de um Ser Supremo.

Quando, todavia, o *obayifo* ashanti opera precisamente como servo de *sasabonsam*, assim como seu descendente — o feiticeiro *obeah* da Jamaica — deposita sua confiança em Satã, a quem ele pessoalmente invoca para alcançar seu intento, estamos diante de uma forma de demoniolatria tanto em uma prática quanto na outra. Ainda que acreditemos que ambos são vítimas de alucinações, desde que eles tenham consciência suficiente para entender o que estão fazendo, a culpabilidade está presente, pois seu intento é precisamente fazer contato com o demônio e, por sua influência, obter os resultados desejados. Mas a própria prática os colocou em uma posição de sujeição ao seu mestre e, às vezes, entregam-se a ele de forma que é melhor não descrevermos.

Será, então, apenas coincidência o fato de que é precisamente nesses distritos da "mata", onde a antiga ordem das coisas ainda persiste, que encontramos as manifestações psíquicas, objeto do nosso estudo? Não me lembro de ter ouvido falar de nenhum fenômeno semelhante em Kingston ou nas redondezas, mas não ficaria surpreso com a ocorrência deles em alguma região de favelas, onde até hoje a verdadeira *obeah* é praticada secretamente. De qualquer modo, os casos que agora estudamos ocorreram a uma certa distância da cidade de Kingston, em áreas onde a *obeah* genuína era praticada.

Não tenho a intenção de concluir que o praticante *obeah* é o responsável direto ou indireto das misteriosas manifestações de *poltergeist* e outros fenômenos.

Muito pelo contrário. Como já disse antes, acredito que tal controle de uma influência diabólica por parte do praticante *obeah* seja algo repugnante à Divina Providência, embora possa ser permitido em raras ocasiões. Para seus próprios bons propósitos, Deus pode, às vezes, permitir que algum amigo de satã exerça um poder sobrenatural, como no caso da Bruxa de Endor. Mas esse não é o curso normal das coisas. Certamente, em nenhum dos fenômenos ocorridos na Jamaica, que tive a oportunidade de estudar, encontrei a menor indicação de que os acontecimentos eram invocados por seres humanos. Se a força dirigente era realmente diabólica, então Sua Majestade Satânica estava, aparentemente, conduzindo as operações pessoalmente, e não por meio de nenhum de seus servos. Estou convencido disso.

O *Livro de Jó*, no Antigo Testamento, conta as terríveis aflições sofridas por um homem nas mãos de Satã. Deus permite que isso aconteça exatamente para exaltar a virtude de Jó pela paciência heróica que ele manifesta. Deus diz a Satã: "Eis que ele está em teu poder, mas poupa-lhe a vida." De modo que mesmo aqui são estabelecidos limites ao poder do maligno. Além disso, durante todas as provações Jó é fortalecido pela graça de Deus que, por fim, prevalece sobre as ações de satã.

Embora o *Livro de Jó* não seja uma narrativa estritamente histórica, é um poema didático com base histórica e escrito sob inspiração divina. Sendo uma parte integral do Cânon das Sagradas Escrituras, todos os princípios que ele enuncia estão em conformidade com os ditames da razão correta. Temos autoridade, então, para dizer que quando Deus permite a satã que ataque sua vítima de modo tão horrível que lhe tira toda a essência e o cobre de úlceras dos pés à cabeça, não estamos autorizados a argumentar, como fizeram os amigos de Jó, que isso é uma punição pelos pecados. Talvez seja um contraste com o que está para vir, pois mesmo em um modo mundano, pode ser a vontade de Deus que a virtude seja recompensada cem vezes.

Não obstante, como regra geral, esse aspecto consolador não aparece nas Sagradas Escrituras ligado aos ataques do diabo que, nas palavras de São Pedro, "anda em derredor, como o leão que ruge procurando alguém para devorar".

Também no *Livro de Tobias* vemos o caso de Sara que "tinha se casado com sete homens, porém Asmodeu, o pior dos demônios, tinha matado cada um deles, antes que tivessem relações conjugais com ela".

Às vezes, espíritos malignos servem como ministros da ira de Deus, como aconteceu com os egípcios, "quando lançou contra eles o fogo de sua ira; cólera, furor e aflição, anjos portadores de desgraças..."

Dos exemplos de obsessão no Novo Testamento, podemos citar três registrados por São Marcos em seu Evangelho — em cada um a violência física é praticada pelo espírito obsessor:

- "Nesse momento, estava na sinagoga um homem possuído por um espírito mau, que começou a gritar: 'Que queres de nós, Jesus Nazareno? Vieste para nos destruir? Eu sei quem tu és: tu és o Santo de Deus'. E Jesus ameaçou o espírito mau: 'Cale-se e saia dele!' Então o espírito mau sacudiu o homem com violência, deu um grande grito e saiu dele."

- "Jesus e seus discípulos chegaram à outra margem do mar, na região dos gerasenos. Logo que Jesus saiu da barca, um homem possuído por um espírito mau saiu de um cemitério e foi ao seu encontro. Esse homem morava no meio dos túmulos e ninguém conseguia amarrá-lo, nem mesmo com correntes. Muitas vezes tinha sido amarrado com algemas e correntes, mas ele arrebentava as correntes e quebrava as algemas. E ninguém era capaz de dominá-lo. Dia e noite ele vagava entre os túmulos e pelos montes, gritando e ferindo-se com pedras.
"Vendo Jesus de longe, o endemoninhado correu, caiu de joelhos diante dele e gritou bem alto: 'Que há entre mim e ti, Jesus, filho do Altíssimo? Eu te peço, por Deus, não me atormentes!' O homem falou assim porque Jesus tinha dito: 'Espírito mau, saia desse homem!' Então Jesus perguntou:

'Qual é o seu nome?' O homem respondeu: 'Meu nome é 'Legião', porque somos muitos!' E pedia com insistência para que Jesus não o expulsasse da Legião.

"Havia ali perto uma grande manada de porcos, pastando na montanha. Os espíritos maus suplicaram: 'Manda-nos para os porcos, para que entremos neles'. Jesus deixou. Os espíritos maus saíram do homem e entraram nos porcos. E a manada — mais ou menos uns dois mil porcos — atirou-se monte abaixo para dentro do mar, onde se afogou.

"Os homens que guardavam os porcos saíram correndo e espalharam a notícia na cidade e nos campos. E as pessoas foram ver o que tinha acontecido."

- "Alguém da multidão disse a Jesus: 'Mestre, eu trouxe a ti meu filho, que tem um espírito mudo. Cada vez que o espírito o ataca, joga-o ao chão e ele começa a espumar, range os dentes e fica completamene rijo. Eu pedi aos teus discípulos para expulsarem o espírito, mas eles não coneguiram'. Jesus disse: 'Ó, homens sem fé! Até quando deverei ficar com vocês? Até quando terei de suportá-los? Tragam o menino aqui!'

"E levaram o menino. Quando o espírito viu Jesus, sacudiu violentamente o menino, que caiu no chão e começou a rolar e a espumar pela boca. Jesus perguntou ao pai: 'Desde quando ele está assim?' O pai respondeu: 'Desde criança. E muitas vezes já o jogou no fogo e na água para matá-lo. Se podes fazer alguma coisa, tem piedade de nós e ajuda-nos'. Jesus disse: 'Se podes... Tudo é possível para quem tem fé'. O pai do menino gritou em lágrimas: 'Eu tenho fé, mas ajuda a minha descrença'.

"Jesus viu que a multidão corria para junto dele. Então ordenou ao espírito mau: 'Espírito mudo e surdo, eu lhe ordeno que saia do menino e nunca mais entre nele'. O espírito sacudiu o menino com violência, deu um grito e saiu. O menino ficou como morto e por isso todos diziam: 'Ele morreu!' Mas Jesus pegou a mão do menino, levantou-o e o menino ficou de pé.

"Depois que Jesus entrou em casa, os discípulos lhe perguntaram à parte: 'Por que nós não conseguimos expulsar o espírito?' Jesus respondeu: 'Essa espécie de demônios não pode ser expulsa de nenhum outro modo, a não ser pela oração."

O Reverendo Simon Augustine Blackmore, S. J., disse com propriedade: "Um cristão sabe, tanto pela autoridade das revelações divinas quanto pela natureza de certos fenômenos, que Deus, por Sua extraordinária providência, às vezes permite que espíritos malignos interfiram na vida humana. Mas ele também sabe que essas interferências não constituem uma instituição comum pela qual os homens podem se comunicar com os espíritos sempre que desejarem. Filosoficamente, essa noção é contrária aos atributos divinos de Deus. Além disso, as sessões espíritas são sempre vis por sua própria natureza, devido à intenção maldosa de se comunicarem com os espíritos, o que é contrário à Lei Divina. Portanto, qualquer alegada intervenção de espíritos deve ser examinada em todos os detalhes ou julgada por seus próprios méritos de acordo com a evidência, quanto à sua probabilidade ou certeza, conforme o caso.

"Nenhum cristão acharia difícil aceitar que algumas vezes os vivos receberam comunicações que só podem ser explicadas pela presença da atividade de algum agente inteligente externo ao nosso mundo dos sentidos. Podemos até dizer que isso é uma parte essencial dos ensinamentos dogmáticos judeu e cristão. Do início ao fim, a Bíblia relata muitas aparições de espíritos angelicais como mensageiros de Deus aos homens e também enfatiza a misteriosa duplicidade de Satã e seus seguidores, em sua conspiração contra o bem-estar do homem."

Embora o autor faça referência ao espiritismo moderno, tudo o que ele diz pode ser aplicado aos fenômenos ocorridos na Jamaica.

Devemos observar que, em qualquer lugar em que a adoração ao diabo esteja em voga, como por exemplo, em várias regiões da África, o maligno recebe uma grande esfera de manifestações materiais; e mesmo possessões, como as descritas na Bíblia Sagrada, ocorrem de tempos em tempos em várias partes do mundo. É minha convicção, do ponto de vista de um padre católico, que tudo isso é permitido por Deus Todo-Poderoso, talvez como punição pela pessoa lidar com o diabo e pelas maldades usuais que ela pratica; ou, talvez, como um aviso aos outros. De qualquer modo, há uma limitação ao poder do mal, e ainda que ele tenha tomado posse do corpo torturado, não pode controlar a alma e suas faculdades sem o consentimento livre da vítima.

Os supostos requisitos para o praticante de feitiçaria são "uma entrega pessoal e voluntária ao diabo e a concordância em fazer a vontade dele recebendo, então, os poderes de adivinhação, previsão do futuro, horóscopo, lançar feitiços, e outras realizações malévolas". Isso supõe um certo contato com o diabo pelo qual o feiticeiro recebe o poder de controlar forças espirituais, tendo ao seu serviço um ou mais espíritos malignos para lançar feitiços em pessoas ou lugares. Em outras palavras, se isso for possível, teremos um médium controlando as manifestações exteriores de um poder diabólico. Certamente, no que diz respeito à Jamaica, eu jamais vi nenhuma indicação de tal controle, embora alguns praticantes *obeah* possam alegar ter perturbado a paz de uma comunidade ou de um indivíduo com o auxílio dos *duppies*.

Uma vez que o praticante *obeah* tenha criado uma atmosfera diabólica em um distrito, quando suas comunicações com o diabo deram à Sua Majestada Satânica alguma influência sobre a vida espiritual da comunidade e quando a cooperação dos clientes dos feiticeiros ajudou a estabelecer uma prática que nada mais é do que uma demonolatria, não devemos ficar supresos se o poder do mal começar a provocar fenômenos materiais, talvez do tipo *poltergeist*, tentando enfraquecer o controle da Igreja e aumentar a tendência a praticar o mal por parte da comunidade.

Não pretendo afirmar que essa situação seja exclusiva da Jamaica. Ela acontece em várias partes do mundo onde existem condições similares. E devemos nos lembrar que bem aqui nos Estados Unidos não estamos livres de contatos com o diabo e outras formas de demonolatria. Há muitas práticas em voga; não entre as pessoas pobres e analfabetas dos bairros pobres, mas em seletos círculos de centros intelectuais em que acontecem práticas pouco diferentes da sessão espírita descrita no começo deste capítulo. Além do mais, temos a seguinte declaração de um dos mais destacados estudiosos de demonologia, Montague Summers, F. A. S. L., e sua contribuição para a série História da Civilização: "No século XIX, Albert Pike e seu sucessor Lemmi foram identificados como Grandes Mestres de sociedades que praticavam o satanismo, que realizavam as funções hierárquicas do diabo no culto moderno." Não pretendo validar essa afirmação. Apenas a cito devido à autoridade de um dos mais distintos autores que abordam o tema feitiçaria. Meu único propósito é mostrar que nós, de outras partes do mundo, não podemos repreender a Jamaica se, entre os ignorantes moradores da "mata", a *obeah* toma a forma de demonolatria.

Além disso, não devemos nos tornar excessivamente críticos em relação às crenças supersticiosas da "mata" jamaicana. Lendo recentemente um jornal local, *The Boston Post*, de 20 de outubro de 1934, notei mais de duas colunas inteiras dedicadas a anúncios relacionados a encontros de natureza psíquica. Na verdade, havia 26 atrações competindo pela atenção do público. Um suposto "não espiritualista" anunciava uma palestra com o título "Os Mortos Aparecem?", e uma grande quantidade de "fotos de espíritos" seriam exibidas durante a palestra, presumivelmente para apoiar a resposta afirmativa à pergunta. Outro anúncio oferecia uma atração para sexta-feira — "Médiuns, Café e Bolo", enquanto um rival anunciava uma "Sessão de Mensagens Espirituais" que era inocentemente reforçada por uma "Ceia de Ostras". Outro anúncio se satisfazia com a frase: "Comida e Bebida". E tudo isso nas redondezas da culta cidade de Boston!

O Sr. Summers, a quem acabamos de citar, abre o primeiro capítulo de *"The History of Witchcraft and Demonology"* citando Jean Bodin: "Um feiticeiro é alguém que, por meio de transações com o diabo, tem a intenção de conseguir seus objetivos"; e acrescenta: "Imagino que seria impossível obter uma definição mais concisa, exata, completa e inteligente do termo 'feiticeiro'. Certamente, essa definição se fez presente no caso do praticante *obeah* jamaicano, como descendente direto em teoria e prática do *obayifo* ashanti."

Embora relute em dar uma opinião definitiva sobre cada fenômeno individual, já que a possibilidade de erro em um caso isolado é muito grande, um acontecimento em particular, dentre aqueles já citados, merece uma atenção especial. Examinemos aquele apresentado na Introdução como Caso 2 e que aconteceu na missão All Saints. Além dos documentos escritos pelo padre Emerick, e da minha própria experiência no local, recebi, em diferentes ocasiões, evidências dos padres Duarte, Prendergast e Magrath. Exceto por alguns detalhes, esses relatos diferem muito pouco dos escritos pelo padre Emerick. Todos abordam o incidente envolvendo o desaparecimento de um homem e uma mulher, que apareceram na missão tarde da noite. Tenho certeza de que não houve comunicação entre eles quanto aos testemunhos. Outras pessoas já haviam comentado comigo sobre os mesmos acontecimentos; mas como a maioria apenas tinha ouvido falar dos incidentes, ou já conhecia a reputação da casa, desconsiderei suas declarações, como fruto de uma imaginação muito excitada.

Agora, estou de posse de evidências trazidas por quatro testemunhas qualificadas e independentes que, na essência, relatam os mesmos incidentes, apoiadas pelas minhas experiências; o que reforça a idéia principal de que realmente acontecia algo na casa da missão que não podia ser explicado naturalmente. E sou forçado a concluir que nós não fomos vítimas de ilusões, principalmente porque os distúrbios pararam desde que a antiga casa da missão foi reconstruída há alguns anos.

Em relação ao espiritismo moderno, o padre Blackmore escreve: "Quem são esses agentes invisíveis que se disfarçam de almas dos mortos? Está claro para todo cristão que conhece as Sagradas Escrituras que os anjos caídos, os expulsos do paraíso, estão sempre ansiosos, em seus propósitos perniciosos, em se envolver nas questões humanas. Por seus frutos você os conhecerá."

Do mesmo modo, nessas manifestações espirituais que estamos investigando, devemos presumir que a influência espiritual por trás delas é maligna. Pois se o resultado é o mal, devemos procurar por uma causa malévola — verdadeiramente, por seus frutos nós os conheceremos.

Concluindo, não devemos pensar que esses fenômenos ocorrem regularmente na Jamaica. Desnecessário dizer que investiguei todos os casos baseados em informações de primeira mão, ou jamais terminaria de ouvir relatos de pessoas que ouviram falar dos acontecimentos. E os resultados de mais de meio século de pesquisas trouxeram à luz apenas os casos que foram citados aqui, esplanados por mais de quarenta anos de incidentes.

Examinados todos esses casos, não hesito em concluir que há ocasiões na Jamaica em que ocorrem certos fenômenos que transcendem as forças da Natureza e devem ser atribuídos a um controle de espíritos que, julgando pelas conseqüências, são de origem diabólica.

No entanto, repito, seria um erro muito sério enfatizar casos particulares, em separado dos restantes; e, em todos os momentos em que aceitamos as evidências, devemos desempenhar o papel do cético, em vez do entusiasta; examinando cuidadosamente cada palavra dos testemunhos e testando ao máximo cada fato. Pois, como diz um velho provérbio jamaicano: "Nem todo barulho de corrente que ouvimos vem de um 'bezerro que vagueia'", o que significa: "Não se apresse em tirar conclusões".

Fontes

Nota: O espaço limita-nos às obras que podem ser encontradas na Boston College Library, Chestnut Hill, Mass.

Anônimos:

Ato para reparar todos os males resultantes das reuniões irregulares dos escravos, etc., aprovado pela Assembléia da Jamaica em dezembro de 1760.
Atos da Assembléia, aprovados na Ilha da Jamaica, de 1681 a 1737, inclusive, Londres, 1743.
Atos da Assembléia, aprovados na Ilha da Jamaica, de 1681 a 1734, inclusive, Londres, 1756.
Atos da Assembléia, aprovados na Ilha da Jamaica, de 1770 a 1783, Kingston, 1786.
Instrução religiosa da população negra e escrava da Jamaica, Londres, 1832.
Legislação consolidada da escravatura, aprovada em 22 de dezembro de 1826, Londres, 1827.
Lei da escravidão na Jamaica e documentos pertinentes, Londres, 1828.
Relatório da Real Comissão de Inquérito da Jamaica, com respeito a certos distúrbios na Ilha da Jamaica e às medidas tomadas para sua supressão, Londres, 1866.
Relatório dos lordes do comitê do conselho designado para a consideração de todos os assuntos relativos ao comércio e plantações estrangeiras, Londres, 1789.
Revisão de Hamel, o Praticante *Obeah*, Londres, 1827.
Sugestões a respeito da educação cristã da população negra nas colônias britânicas, Londres, 1833.

Bibliografia

Anderson e Cundal. *Jamaica Proverbs and Sayings.* Londres, 1927, 296.

Armistead, Willson. *Tribute for the Negro.* Manchester, 1848.

Arnaud, Odette. *Mer Caraïbe.* Paris, 1934.

Bacon, Edgar Mayhew. *The New Jamaica.* Nova York, 1890.

Banbury, R. Thomas. *Jamaica Superstitions or The Obeah Book.* Kingston, 1894.

Barclay, Alexander. *A Practtical View of the Present Stage of Slavery in the West Indies.* Londres, 1828.

Bastian, Adolf. *Der Fetisch an der Küste Guineas.* Berlim, 1884.

Bayley, F. W. N. *Four Years' Residence in the West Indies.* Londres, 1830.

Beckford, William. *A Descriptive Account of the Island of Jamaica.* Londres, 1790.

Beckwith, Martha Warren. *Folk Games of Jamaica.* Poughkeepsie, 1928.

Christmas Mummings in Jamaica. Poughskeepsie, 1924.

Jamaica Anansi Stories. Nova York, 1924.

Jamaica Folk-Lore. Nova York, 1928.

Black Roadways; a Study of Jamaica Folk-lore. Chapel Hill, 1928.

Bell, Hesketh J. Obeah. *Witchcraft in the West Indies.* Londres, 1889.

Bicknell, R. *West Indies as they are, or a Real Picture of Slavery, but more particularly as It exists in the Island of Jamaica.* Londres, 1825.

Bigelow, John. *Jamaica in 1850.* Nova York, 1851.

Bleby, Henry. *Death Struggle of Slavery.* Londres, 1853.

Scenes in the Caribbean Sea. Londres, 1868.

The Reign of Terror. London, 1678.

Blome, Richard. *Description of the Island of Jamaica.* Londres, 1678.

Bosman, William. *A New and Accurate Description of the Coast of Guinea.* Londres,1705.

Bowditch, T. Edward. *Mission from Cape Coast Island to Ashantee.* Londres, 1819.

Essay on Superstition, Customs and Acts, Common to the Ancient Egyptian, Abyssineans and Ashantee. Paris, 1821.

Brawley, B. G. *Short History of the American Negro.* Nova York, 1913.

Social History of the American Negro. Nova York, 1921.

Bridges, George Wilson. *A Voice from Jamaica; in Reply to William Wilberfoce.* Londres, 1823.

Annals of Jamaica. Londres, 1828.

Browne, Patrick. *Civil and Natural History of Jamaica.* Londres, 1756.

Brymner, D. *The Jamaica Maroons.* Londres, 1895.

Buchanan, Claudius. *Colonial Ecclesiastical Establishment.* Londres, 1812.

Burdett,William. *Life and Exploits of Mansong, commonly called Threefinger Jack, the Terror of Jamaica.* Sommers Town, 1800.

Burkhardt, G. E. *Die Evangelische Mission unter der Negern in Westindien und Sued — Amerika.* Leipzig, 1876.

Caldecott, A. *The Church in the West Indies.* Londres, 1898.

Cameron, Norman Eustace. *The Evolution of the Negro.* Georgetown, Demerara, 1929.

Cardinall, A .W. *In Ashanti and Beyond.* Londres, 1927.

Carmichael, Mrs. A.C. *Domestic Manners and Social Conditions of the White, Coloured and Negro Population of the West Indies.* Londres, 1834.

Christaller, J. G. *Dictionary of the Ashante and Fante Language Called Tshi (Twi).* Basel, 1933.

Claridge, W. Walton. *History of the Gold Coast and Ashanti.* Londres, 1915.

Clark, A. H.. *Ingenious Method of Causing Death employed by the Obeah Men of the West Indies.* American Anthropologist, 1912.

Clarke, John. *Memoir of Richard Merrick, Missionary in Jamaica.* Londres, 1850.

Coke, Thomas. *History of the West Indies.* Liverpool 1808-11.

Coleridge, Henry Nelson. *Six Months in the West Indies in 1825*. Nova York, 1826.

Cook, E. M. *Jamaica: The Loadstone of the Caribbean*. Bristol, 1924.

Cooper, Thomas. *Facts, illustrative of the Condition of the Negro Slaves in Jamaica*. Londres, 1824.

Correspondence Relative to the Condition of the Negro Slaves in Jamaica. Londres, 1824.

Crowninshield, Mrs. Schuyler. *West Indian Tales*. Nova York, 1898.

Cundal, Frank. *Historic Jamaica*. Londres, 1915.

Chronological Outlines of Jamaica History, 1492–1926. Kingston, 1927.

Studies in Jamaica History. Londres, 1900.

Dallas, Robert Charles. *History of the Maroons*. Londres, 1803.

Danquah, J. B. *Akan Laws and Customs*. Londres, 1828.

Delany, Francis X. *History of the Catholic Church in Jamaica*. Nova York, 1930,

DeLisser, Herbert G. *In Jamaica and Cuba*. Kingston, 1927.

Twentieth Century Jamaica. Kingston, 1913.

Revenge: a Tale of Old Jamaica. Kingston, 1919.*White Witch of Rosehall*. Londres, 1929.

Dennett, R. E.. *At the Back of the Black Man's Mind*. Londres, 1906.

Dodsworth, Francis. *Book of West Indies*. Londres, 1904.

Dowd, Jerome. *The Negro Races*. Nova York, 1907.

Duncan, Peter. *Narrative of the Wesleyan Mission to Jamaica*. Londres, 1849.

Dupuis, Joseph. *Journal of a Residence in Ashantee*. Londres, 1824.

Edwards, Bryan. *History, Civil and Commercial, of the British Colonies in the West Indies*. Londres, 1793.

Proceedings of the Governor and Asssembly of Jamaica in regard to the Maroon Negroes. Londres, 1796.

Ellis, Alfred Burton. *The Land of Fetish*. Londres, 1883.

The Tshi-Speaking Peoples of the Gold Coast of West Africa. Londres, 1887.

History of the Gold Coast of West Africa. Londres, 1893.

West African Folklore. Popular Science Monthly, 1894.

Emerick, Abraham J. *Obeah and Duppyism in Jamaica*, (publicação independente). Woodstock, 1915.

Jamaica Mialism, (publicação independente). Woodstock, 1916.

Jamaica Duppies, (publicação independente). Woodstock, 1916.

Evans, H. B. *Our West Indian Colonies*. Londres, 1885.

Eves, Charles Washington. *West Indies*. Londres, 1889.

Fiske, Amos Kidder. *The West Indies*. Nova York, 1899.

Foulkes, Theodore. *Eighteen Months in Jamaica*. Londres, 1883.

Fox-Bourne, H. R. *Story of the Colonies*. Londres, 1869.

Frank, Harry A. *Roaming through the West Indies*. Nova York, 1920.

Freeman, Richard Austin. *Travel and Life in Ashanti and Jaman*. Westminster, 1898.

Gardner, William James. *History of Jamaica from its Discovery by Christopher Columbus to the Present Time*. Londres, 1873.

Gaunt, Mary. *Where the Twain Meet*. Nova York, 1922.

Reflection — In Jamaica. Londres, 1932.

Grainger, James. *The Sugar-Cane; a Poem*. Londres, 1766.

Green Samuel. *Baptist Mission in Jamaica*. Londres, 1842.

Gros, Jules. *Voyages, Aventures et Captivitié de J. Benet chez les Achantis*. Paris, 1884.

Gurney, John Joseph. *Familiar Letters to Henry Clay of Kentucky, Describing a Winter in the West Indies*. Nova York, 1840.

Harvey Thomas. *Jamaica in 1866*. Londres, 1867.

Hawtayne, G. H. ("X. Beke"). *West Indian Yarns*. Demerara, 1890.

Hay, J. Dalrymple. *Ashanti and the Gold Coast*. Londres, 1874.

Hayford, Casely. *Gold Coast Native Institutions*. Londres, 1874.

Heskovits, Melville J. *On the Provenience of New World Negroes*. Evanston, 1933.

Hill, Robert T. *Cuba and Porto Rico with the Other Islands of the West Indies*. Nova York, 1898.

Hine, John B. *Jamaican Obeah Texts, Miskatonic University Press*. 1886.

Holford, G. *Observations on the Necessity of Introducing a Sufficient Number of Respectable Clergymen into Our Colonies in the West Indies*. Londres, 1808.

Hovey, Sylvester. *Letters from the West Indies: relating especially to Jamaica*. Nova York, 1838.

Howe, E. W. *The Trip to the West Indies*. Topeka, 1910.

Jay, E. A. Hastings. *Glimpse of the Tropics, or, Four Months Cruising in the West Indies*. Londres, 1900.

Jeckyll, Walter. *Jamaica Song and Story; Anancy Stories, Digging Songs, Ring tunes and Dancing Tunes*. Londres, 1907.

Johnston, Harry H. *The Negro in the New World*. Londres, 1910.

Jones, Chester Lloyd. *Caribbean Backgrounds and Prospects*. Nova York, 1931.

Kemps, Dennis. *Nine Years at the Cold Coast*. Londres, 1898.

Kingsley, Charles. *At Last: a Christmas in the West Indies*. Londres, 1871.

Kingsley, Mary H.. *Travels in West Africa*. Londres, 1897.

West African Studies. Londres, 1899.

Knatchbull-Hugesson, E. H. *Immigrants and Liberated Africans admitted into each of the British West India Colonies*. Londres, 1872.

Knibb, William. *Facts and Documents connected with the late Insurrection in Jamaica and the Violations of Civil and Religious Liberty arising out of It*. Londres, 1832.

Labat, Père. *Nouveau Voyage aux Isles de l'Amérique*. La Haye, 1724.

Leslie, Charles. *New History of Jamaica*. Londres, 1740.

Lewis, Matthew Gregory. *Journal of a West Indian Proprietor, kept during a Residence in the Island of Jamaica*. Londres, 1834.

Lindblom, Gerhard. *Africanische Relitek und Indianische Entelehnungen in der Kultur der Busch-Neger Surinams*. Göteborg, 1924.

Livingston, William Pringle. *Black Jamaica: a Study in Evolution*. Londres, 1899.

Lloyd, William. *Letters from the West Indies*. Londres, 1837.

Long, Edward. *History of Jamaica*. Londres, 1774.

Lowe, Joseph. *Inquiry into the State of the British West Indies*. Londres, 1807.

Luckock, Benjamin. *Jamaica: Enslaved and Free*. Nova York, 1846.

Lunan, John. *Abstract of the Laws of Jamaica relating to Slaves*. São Jago de la Vega, 1819.

Mac Donald, George. *The Gold Coast, Past and Present*. Nova York, 1898.

Mac Lean, Isabel Cranstoun. *Children of Jamaica*. Edimburgo, 1910.

Mannington, George. *West Indies with British Guiana and British Honduras*. Nova York, 1925.

Marryat, Joseph. *Thoughts on the Abolition of the Slave Trade.* Londres, 1816.

———. *More Thoughts occasioned by two Publications.* Londres, 1816.

———. *More Thoughts Still on the State of the West India Colonies.* Londres, 1818.

Martin, Robert Montgomery. *History of the West Indies.* Londres, 1836-37.

McCay, Claude. *Banana Bottom.* Nova York, 1933.

McCrea, Harry. *Sub-Officers'Guide.* Kingston, 1903.

McMahon, Benjamin. *Jamaica Partnership.* Londres, 1839.

Meredith, Henry. *Account of the Gold Coast of Africa.* Londres, 1812.

Milne-Holme, Mary Pamela. *Mamma's Black Nurse Stories.* Edimburgo, 1890.

Milner, T. H.. *Present and Future State of Jamaica Considered.* Londres, 1839.

Montagnac, Noel de. *Negro Nobodies.* Londres, 1899.

Moore, J. Hampton. *With Speaker Cannon through the Tropics.* Filadélfia, 1907.

Morand, Paul. *Magie Noire.* Paris, 1928.

Moreton, J. B. *West India Customs and Manners.* Londres, 1793.

Moseley, Benjamin. *A Treatise on Sugar.* Londres, 1800.

Nassau, Robert Hammill. *Fetishism in West Africa.* Londres, 1904.

———. *Where Animals Talk.* Londres, 1914.

Nugent, Lady Maria. *Journal of a Voyage to, and Residence in, the Island of Jamaica from 1801 to 1805.* Londres, 1839.

Oldmixon, John. *History of Jamaica.* Londres, 1708.

Oliver, Vere Langford. *Caribbeana.* Londres, 1910-19.

Parsons, Elsie Clews. *Folk-Lore of the Antilles.* Nova York, 1933.

Phillippo, James Murcel. *Jamaica: Its Past and Present State.* Londres, 1843.

Pim, Bedford Clapperton Thevelyan. *The Negro and Jamaica.* Londres, 1866.

Pitman, Frank Wesley. *Development of the British West Indies 1700-1763.* New Haven, 1917.

Pittard, Eugène. *Contribution à l'Étude Anthropologie des Achanti, - L'Anthroplologie.* Paris, 1925.

Pullen-Burry, Bessie. *Jamaica as it is, 1903.* Londres, 1903.

Ethiopia in Exile: Jamaica Revisited. Londres, 1905.

Ragatz, Lowell Joseph. *Fall of the Planter Class in the British Caribbean, 1763-1833*. Nova York, 1928.

Rampini, Charles. *Letters from Jamaica*. Edimburgo, 1873.

Rattray, R. Sutherland. *Ashanti Proverbs*. Oxford, 1927.

———. *Ashanti*. Oxford, 1923.

———. *Religion and Art in Ashanti*. Oxford, 1927.

———. *Ashanti Law and Constitution*. Oxford, 1929.

———. *Akan-Ashanti Folk-Tales*. Oxford, 1930.

Regnault, Elias. *Histoire des Antilles*. Paris, 1807.

Renny, Robert. *History of Jamaica*. Londres, 1807.

Riland, John. *Memoir of a West India Planter*. Londres, 1827.

Roberts, Helen H. *Three Jamaica Folk Stories*. Journal of American Folklore, 1922.

A Study of Folksong Variants based on Field Work in Jamaica. Journal of American Folklore, 1925.

Rodway, James H. *West Indies and the Spanish Main*. Londres, 1896.

Rose, G. H. *Letter on the Means and Importance of Converting the Slaves in the West Indies to Christianity*. Londres, 1823.

Rosny, Lucien de. *Les Atilles*. Paris, 1886.

Roughley, Thomas. *The Jamaica Planter's Guide*. Londres, 1823.

St. Johnston, T. R. *West India Pepper-pot, or Thirteen "Quashie" Stories*. Londres, 1928.

Samuel, Peter. *Wesleyan-Methodist Missions in Jamaica and Honduras*. Londres, 1850.

Scott, Michael. *Tom Cringle's Log, Edimburgo, 1833*.

Cruise of the Midge. Paris, 1836.

Captain Clutterbuck's Champagne. Edimburgo, 1862.

Scott, Sibbald David. *To Jamaica and Back*. Londres, 1876.

Seligman, C. G. *Races of Africa*. Londres, 1930.

Senior, Bernard Martin. *Jamaica as it was, as it is, and as It may Be*. Londres, 1835.

Sewell, William G. *Ordeal of Free Labour in the British West Indies*. Nova York, 1861.

Sherlock, P. M. *Jamaica Superstitions*. Empire Review, 1924.

Shore, Joseph. *In Old St. James.* Kingston, 1911.

Sinclair, Augustus Constantine. *Parliamentary Debates of Jamaica, Vol. XIII.* Spanish-Town, 1866.

Chronological History of Jamaica. Jamaica, 1889.

Singleton, J. *Description of the West Indies: a Poem.* Londres, 1776.

Sloane, Hans. *Voyage to the Islands... and Jamaica.* Londres, 1707-25.

Spencer, Herbert. *Descriptive Sociology: African Races: Compiled and abstracted by Prof. Ducan.* Londres, 1875.

Reissue, entirely rewritten by E. Torday. Londres, 1930.

Stephen, James. *The Slavery of the British West India Colonies, delineated.* Londres, 1824.

Sterne, Henry. *A Statement of Facts.* Londres, 1837.

Stewart, J. *Account of Jamaica and Its Inhabitants.* Londres, 1808.

―――. *View of the Past and Present State of the Island of Jamaica.* Edimburgo, 1817.

Stoddard, Charles Augustine. *Cruising among the Caribbees.* Nova York, 1895.

Stuart, Villiers. *Jamaica Revisited.* Londres, 1891.

Sturge, Joseph. *West Indies in 1837.* Londres, 1838.

Talboys, W. P. *West India Pickles.* Nova York, 1876.

Taylor, R. *Negro Slavery Especially in Jamaica.* Londres, 1823.

Thomas, Herbert T. *Untrodden Jamaica.* Kingston, 1890.

Treves, Frederick. *Cradle of the Deep.* Nova York, 1920.

Trollope, Anthony. *West Indies and the Spanish Main.* Londres, 1857.

Trowbridge, William R. H. *Gossip of the Caribbies. Sketches of Anglo-West Indian Life.* Londres, 1895.

Truman, George. *Narrative of a Visit to the West Indies in 1863-64.* Filadélfia, 1867.

Trunbull, David. *The Jamaica Movement.* Londres, 1850.

Udal, J. S. *Obeah in the West Indies, Folk-Lore.* Londres, 1862.

Underhill, Edward Bean. *West Indies: their Social and Religious Condition.* Londres, 1862.

Van Dyke, John C. *In the West Indies.* Nova York, 1932.

Verrill, Alpheus Hyatt. *Book of the West Indies.* Nova York, 1917.

Walker, H. De R. *West Indies and the Empire.* Londres, 1901.

Walker, James. *Letter on the West Indies.* Londres, 1818.

Walker, William. *On the Social and Economic Position and Prospects of the British West India Possession.* Londres, 1873.

Watson, Richard. *Defence of the Wesleyan Methodist Missions in the West Indies.* Londres, 1817.

Weatherford, Willis Duke. *The Negro from Africa to America.* Nova York, 1924.

Wentworth, Trelawney. *West India Sketch Book.* Londres, 1834.

Werner, Alice. *Natives of the British Central Africa.* Londres, 1906.

Whitehead, Henry S. *Obi in the Caribbean, The Commonweal,* 1927.

Whiteley, Henry. *Three Months in Jamaica in 1832.* Londres, 1833.

Wilberforce, William. *An Appeal to Religion, Justice, and Humanity of the Inhabitants of the British Empire, in behalf of the Negro Slaves in the West Indies.* Londres, 1823.

Wilcox, Ella Wheeler. *Sailing Sunny Seas.* Chicago, 1909.

Williams, Cynric R. *Tour through the Island of Jamaica from the Western to the Eastern End, in the Year 1823.* Londres, 1826.

Williams, James. *Narrative of Events since the First of August, 1834.* Londres, 1837.

Williams, Joseph John. *Whisperings of the Carribean.* Nova York, 1925.

Hebrewisms of West Africa. Nova York, 1930.

Voodos and Obeahs. Nova York, 1932.

Wilson, J. Leighton. *Western Africa, Its History, Condition and Prospects.* Londres, 1856.

Wilson, Mrs. W. E. (Wona). *Selections of Anancy Stories.* Kingston, 1899.

Young, Robert. *View of Slavery in connection with Christianity.* Londres, 1825.

Zeller, Rudolf.

Leitura Recomendada

VAMPIROS
Rituais de Sangue
Marcos Torrigo

Vampiros é mais um fascinante trabalho de Marcos Torrigo, grande estudioso de magia e vampirologia. O propósito deste livro é trazer à tona profundas facetas do mito "vampiro", que abrange vasto período histórico, avaliando-o como um arquétipo ou mesmo um deus. Surpreenda-se com sua história!

RITUAIS DE ALEISTER CROWLEY
A Magia da Besta 666
Marcos Torrigo

Pela primeira vez no Brasil e em língua portuguesa, os rituais mágicos de Aleister Crowley são apresentados e ensinados com riqueza de detalhes e visando à execução prática. A obra de Crowley é vasta e cheia de mistérios e armadilhas. O estudante incauto tem uma série de dificuldades que justamente este corajoso livro vem eliminar.

DOGMA E RITUAL DE ALTA MAGIA
Eliphas Levi

Nesta obra, você toma contato com a magia em sua grandeza de ciência. O esclarecimento do obscuro, da conciliação e da paz. Um livro para os iniciados e para quem está ingressando no ocultismo, no misticismo ou em qualquer sociedade secreta.

LIVRO DE ENOCH, O
O Profeta

Esta obra é de grande importância não somente em virtude da sua menção aos versículos 14 e 15 da epístola de São Judas, mas também por ter sido citada por vários padres da Igreja Católica primitiva. Sabe-se que mais de 70 textos do livro de Enoch influenciaram não somente os diversos escritos do Novo Testamento como também as obras de Clemente de Alexandria, Tertuliano e São Jerônimo.

OS RITOS E MISTÉRIOS DE ELÊUSIS
Dudley Wright

Esta obra apresenta os Mistérios de Elêusis, um dos mais famosos e o mais antigo de todos os mistérios gregos. Eram assim chamados porque suas doutrinas e rituais, os quais eram ensinamentos relacionados com a vida após a morte, somente poderiam ser revelados aos iniciados, que juravam mantê-los em segredos. Esse estudo é valioso tanto para o maçom quanto para qualquer ser interessado em aprofundar seus conhecimentos acerca desses Mistérios que, embora tão antigos, ainda hoje permitem inúmeras reflexões.

MAGIA HERMÉTICA
A Árvore da Vida — um Estudo sobre a Magia
Israel Regardie

Neste livro clássico, Israel Regardie traz à tona os maiores mistérios das diversas tradições que compõem o saber Arcano: A Magia Egípcia, a Yoga, a Cabala, a Alquimia, a Magia Sexual, tratando também do deus oculto, a mística entidade conhecida como Sagrado Anjo Guardião.

VISITE NOSSO SITE: WWW.MADRAS.COM.BR

Leitura Recomendada

Coletânea Hermética
Um Compêndio Rosa Cruz
William Wynn Westcott

Coletânea Hermética é uma obra que traz conhecimentos ocultos sobre a filosofia Hermética. A luz desse ensinamento é o dom de Deus que, por Sua vontade, Ele confere a quem desejar. O Arcano Hermético esclarece que a ciência de produzir o grande Segredo da Natureza é um conhecimento perfeito da Natureza Universal e da Arte pertinente ao Reino dos Metais. Este livro é o resultado de longos estudos das ciências ocultas, da Cabala, da Alquimia e da Magia Superior.

Profecias de Tutankhamon, As
O Segredo Sagrado dos Maias, Egípcios e Maçons
Maurice Cotterell

Obra ímpar de um autor que se revela pelo brilhante trabalho em que, a partir de métodos científicos e de conexões que se sustentam em conhecimentos antigos e sagrados, traz ao mundo surpreendentes revelações.

Mística Egípcia
Buscadores do Caminho
Moustafa Gadalla

Este livro explica como o Antigo Egito é a raiz do Sufismo ou da Alquimia. Mostra, também, como outros povos tentaram adotar o modelo egípcio, mas pouco conseguiram, e acabaram com aplicações parciais e incompletas.
O modelo egípcio de misticismo consiste em idéias e práticas que fornecem as ferramentas para qualquer buscador espiritual progredir ao longo de cada caminho alquímico em direção à união com o Divino.

Magia Egípcia, A
E. A. Wallis Budge

As areias escaldantes do Saara produziram uma obra que rivaliza com as pirâmides e templos de Luxor e Karnac. Esta obra é a magia egípcia, que influenciou inúmeros povos, como por exemplo os próprios gregos, em que Egito era sinônimo de Magia.
A Magia Egípcia mostra que no Egito a crença na magia, ou seja, no poder de nomes mágicos, feitiços, encantamentos, fórmulas, gravuras, figuras e amuletos constituía uma grande e importante parte da religião egípcia.

Os Ensinamentos Secretos
Precedidos de Informação a Respeito do Martinesismo e do Martinismo
Franz von Baader

Martinéz de Pasqually, fundador do Rito "Eleito Cohen" e do Martinesismo, legou-nos uma conduta iniciática e espiritual diferenciada das até então existentes. Para ele, o homem, na existência terrena, está privado de seus verdadeiros poderes. Sendo assim, o objetivo principal do homem é trabalhar para ser restaurado à sua condição natural, o que pode ser feito seguindo certas técnicas.

Magia Secreta do Tibete, A
J. H. Brennan

Com a leitura deste livro você aprenderá as autênticas práticas mágicas tibetanas, como: o tumo, a habilidade de evitar o frio por meio da estimulação dos chacras e dos canais de energia do corpo; o transe da luz, que remete a vidas passadas; a manipulação de energias por meio do som, do ritmo, do cântico e dos tambores, além da prática espiritual da Yoga do Sonho.

Visite nosso Site: www.madras.com.br

Leitura Recomendada

Bruxaria Hoje
Gerald Gardner — Introdução de Margaret Murray

Nos dias de hoje é fácil nos depararmos com bruxas ou bruxos em vários locais, chegando a ser algo comum, mas como sabemos nem sempre isso foi aceito. Perseguições, destruição e morte era o cotidiano de quem seguia a antiga religião. Muito do que foi conquistado pela bruxaria nos dias atuais é devido a Gerald Gardner, que trouxe a público de uma forma nunca antes feito a antiga religião. Um livro que traz os rituais como concebidos por Gardner baseados nas mais diversas fontes.

Bruxa Satânica, A
Anton Szandor LaVey

Em *A Bruxa Satânica*, o leitor encontrará uma série de práticas e rituais que o capacitarão a executar a bruxaria satânica. São "fórmulas" dedicadas às pessoas que desejam usá-las para sua própria glorificação e obtenção de poder. Trata-se de um bom texto introdutório para a filosofi satânica de LaVey — um sistema de pensament baseado em interesse próprio racional, satisfaçã sensual, e os usos construtivos da alienação.

Enciclopédia da Bruxaria
Doreen Valiente

Este é um livro de Bruxaria escrito por uma bruxa praticante. Trata-se de uma enciclopédia completa a ser usada pelos estudiosos deste assunto tão vasto e fascinante por meio de verbetes explicativos que vão de termos ligados à Bruxaria a uma síntese biográfica a respeito dos grandes nomes do mundo da magia e do ocultismo, como Aleister Crowley, Charles Leland, Gerald Gardner, John Dee e Margaret Murray.

Culto das Bruxas na Europa Ocidental, O
Margaret Murray

Nesta obra a autora relata a sobrevivência de um culto marginal vulgarmente conhecido como bruxaria. Este culto teve uma existência paralela aos cultos greco-romanos e mesmo ao cristianismo, as religiões do Estado. Um livro de leitura impres cindível para todo bruxo, wicca e pagão. Nos dias d hoje esta obra é rara, mesmo em língua inglesa. Te mos a convicção de estarmos editando uma obr ímpar, magnífica e que, sem sombra de dúvida, enr quecerá seus conhecimentos.

Wicca
Crenças e Práticas
Gary Cantrell

Em *Wicca — Crenças & Práticas*, o autor fala com base em suas experiências pessoais com seguidores Wicca de todas as idades e graus de habilidade física, trazendo ao leitor um verdadeiro exame das modernas crenças Wicca e um guia prático da Arte dos Sábios.

Grande Livro de Magia da Bruxa Grimoire, O
Uma enciclopédia de encantamentos, magias, fórmulas e ritos mágicos
Lady Sabrina

O *Grande Livro de Magia da Bruxa Grimoire* con têm numerosos encantamentos simples e eficazes além de muitos ritos mágicos, todos organizados p ordem alfabética. Esta obra também inclui receita para encantamentos que exigem óleos e incenso especiais e dá dicas sobre o momento mais propíci para lançá-los.

Visite nosso Site: WWW.MADRAS.COM.BR

MADRAS® Editora — CADASTRO/MALA DIRETA

Envie este cadastro preenchido e passará a receber informações dos nossos lançamentos, nas áreas que determinar.

Nome _____
RG _____ CPF _____
Endereço Residencial _____
Bairro _____ Cidade _____ Estado ___
CEP _____ Fone _____
E-mail _____
Sexo ❏ Fem. ❏ Masc.   Nascimento _____
Profissão _____ Escolaridade (Nível/Curso) _____

Você compra livros:
❏ livrarias   ❏ feiras   ❏ telefone   ❏ Sedex livro (reembolso postal mais rápido)
❏ outros: _____

Quais os tipos de literatura que você lê:
❏ Jurídicos   ❏ Pedagogia   ❏ Business   ❏ Romances/espíritas
❏ Esoterismo   ❏ Psicologia   ❏ Saúde   ❏ Espíritas/doutrinas
❏ Bruxaria   ❏ Auto-ajuda   ❏ Maçonaria   ❏ Outros:

Qual a sua opinião a respeito dessa obra? _____
_____

Indique amigos que gostariam de receber MALA DIRETA:
Nome _____
Endereço Residencial _____
Bairro _____ Cidade _____ CEP _____

Nome do livro adquirido: ***Vodu — Fenômenos Psíquicos da Jamaica***

Para receber catálogos, lista de preços e outras informações, escreva para:

MADRAS EDITORA LTDA.
Rua Paulo Gonçalves, 88 — Santana — 02403-020 — São Paulo/SP
Caixa Postal 12299 — CEP 02013-970 — SP
Tel.: (0_ _ 11) 6959-1127 — Fax.:(0_ _ 11) 6959-3090
www.madras.com.br

Este livro foi composto em Times New Roman, corpo 11/12.
Papel Offset 75g – Bahia Sul
Impressão e Acabamento
Gráfica Palas Athena – Rua Serra de Paracaina, 240 – Cambuci – São Paulo/SP
CEP 01522-020 – Tel.: (0_ _11) 3209-6288 – e-mail: editora@palasathena.org